A ANGERS,

DE L'IMPRIMERIE DES CC. MAME, PÈRE ET FILS.

Et se trouve

Chez le citoyen FOURIER-MAME, libraire, rue Centrale.

1803.

CHEFS-D'OEUVRE

DE VOLTAIRE.

IMPRIMERIE DE RIGNOUX,
Rue des Francs-Bourgeois-Saint-Michel, n° 8.

CHEFS-D'OEUVRE

DE VOLTAIRE.

TOME SECOND.

A PARIS,

CHEZ J. P. AILLAUD, LIBRAIRE,

PROPRIÉTAIRE DE LA COLLECTION CAZIN,

QUAI VOLTAIRE, N° 21.

1822.

ADÉLAÏDE

DU GUESCLIN,

TRAGÉDIE.

PERSONNAGES.

LE DUC DE VENDOME.

LE DUC DE NEMOURS.

LE SIRE DE COUCY.

ADÉLAIDE DU GUESCLIN.

TAISE D'ANGLURE.

DANGESTE, confident du duc de Nemours.

Un officier.

Un garde.

La scène est à Lille.

ADÉLAÏDE
DU GUESCLIN,
TRAGÉDIE.

ACTE PREMIER.

—

SCÈNE PREMIÈRE.

LE SIRE DE COUCY, ADÉLAÏDE.

COUCY.

Digne saug de Guesclin, vous qu'on voit aujourd'hui
Le charme des Français, dont il était l'appui,
Souffrez qu'en arrivant dans ce séjour d'alarmes,
Je dérobe un moment au tumulte des armes :
Écoutez-moi. Voyez d'un œil mieux éclairci
Les desseins, la conduite, et le cœur de Coucy;
Et que votre vertu cesse de méconnaître
L'âme d'un vrai soldat, digne de vous peut-être.

ADÉLAÏDE.

Je sais quel est Coucy; sa noble intégrité
Sur ses lèvres toujours plaça la vérité.

Quoi que vous m'annonciez, je vous croirai sans peine.

COUCY.

Sachez que si ma foi dans Lille me ramène,
Si, du duc de Vendôme embrassant le parti,
Mon zèle en sa faveur ne s'est pas démenti,
Je n'approuvai jamais la fatale alliance
Qui l'unit aux Anglais et l'enlève à la France :
Mais, dans ces temps affreux de discorde et d'horreur,
Je n'ai d'autre parti que celui de mon cœur.
Non que pour ce héros mon âme prévenue
Prétende à ses défauts fermer toujours la vue ;
Je ne m'aveugle pas ; je vois, avec douleur,
De ses emportemens l'indiscrète chaleur ;
Je vois que de ses sens l'impétueuse ivresse
L'abandonne aux excès d'une ardente jeunesse ;
Et ce torrent fougueux, que j'arrête avec soin,
Trop souvent me l'arrache, et l'emporte trop loin.
Il est né violent, non moins que magnanime ;
Tendre, mais emporté, mais capable d'un crime.
Du sang qui le forma je connais les ardeurs ;
Toutes les passions sont en lui des fureurs :
Mais il a des vertus qui rachètent ses vices.
Et qui saurait, Madame, où placer ses services,
S'il ne nous fallait suivre et ne chérir jamais
Que des cœurs sans faiblesse et des princes parfaits ?
Tout mon sang est à lui ; mais enfin cette épée
Dans celui des Français à regret s'est trempée ;
Ce fils de Charles six...

ADÉLAÏDE.

Osez le nommer roi ;
Il l'est, il le mérite.

COUCY.

Il ne l'est pas pour moi.

Je voudrais, il est vrai, lui porter mon hommage;
Tous mes vœux sont pour lui; mais l'amitié m'engage.
Mon bras est à Vendôme, et ne peut aujourd'hui
Ni servir, ni traiter, ni changer, qu'avec lui.
Le malheur de nos temps, nos discordes sinistres,
Charles qui s'abandonne à d'indignes ministres,
Dans ce cruel parti tout l'a précipité;
Je ne peux à mon choix fléchir sa volonté.
J'ai souvent, de son cœur aigrissant les blessures,
Révolté sa fierté par des vérités dures:
Vous seule à votre roi le pourriez rappeler,
Madame; et c'est de quoi je cherche à vous parler
J'aspirai jusqu'à vous avant qu'aux murs de Lille
Vendôme trop heureux vous donnât cet asile;
Je crus que vous pouviez, approuvant mon dessein,
Accepter sans mépris mon hommage et ma main;
Que je pouvais unir, sans une aveugle audace,
Les lauriers des Guesclins aux lauriers de ma race:
La gloire le voulait, et peut-être l'amour,
Plus puissant et plus doux, l'ordonnait à son tour:
Mais à de plus beaux nœuds je vous vois destinée.
La guerre dans Cambrai vous avait amenée
Parmi les flots d'un peuple à soi-même livré,
Sans raison, sans justice, et de sang enivré.
Un ramas de mutins, troupe indigne de vivre,
Vous méconnut assez pour oser vous poursuivre.
Vendôme vint, parut, et son heureux secours
Punit leur insolence, et sauva vos beaux jours.
Quel Français, quel mortel eût pu moins entreprendre?

Et qui n'aurait brigué l'honneur de vous défendre?
La guerre en d'autres lieux égarait ma valeur :
Vendôme vous sauva. Vendôme eut ce bonheur ;
La gloire en est à lui, qu'il en ait le salaire ;
Il a par trop de droits mérité de vous plaire ;
Il est prince, il est jeune, il est votre vengeur,
Ses bienfaits et son nom, tout parle en sa faveur ;
La justice et l'amour vous pressent à vous rendre :
Je n'ai rien fait pour vous, je n'ai rien à prétendre ;
Je me tais... mais sachez que, pour vous mériter,
A tout autre qu'à lui j'irais vous disputer ;
Je céderais à peine aux enfans des rois même :
Mais Vendôme est mon chef, il vous adore, il m'aime ;
Coucy, ni vertueux, ni superbe à demi,
Aurait bravé le prince, et cède à son ami.
Je fais plus ; de mes sens maîtrisant la faiblesse,
J'ose de mon rival appuyer la tendresse,
Vous montrer votre gloire, et ce que vous devez
Au héros qui vous sert et par qui vous vivez.
Je verrai d'un œil sec et d'un cœur sans envie
Cet hymen qui pouvait empoisonner ma vie.
Je réunis pour vous mon service et mes vœux ;
Ce bras qui fut à lui combattra pour tous deux :
Voilà mes sentimens. Si je me sacrifie,
L'amitié me l'ordonne, et surtout la patrie.
Songez que si l'hymen vous range sous sa loi,
Si ce prince est à vous, il est à votre roi.

ADÉLAÏDE.

Qu'avec étonnement, Seigneur, je vous contemple !
Que vous donnez au monde un rare et grand exemple !
Quoi ! ce cœur (je le crois sans feinte et sans détour)

Connaît l'amitié seule et peut braver l'amour!
Il faut vous admirer quand on sait vous connaître ;
Vous servez votre ami, vous servirez mon maître.
Un cœur si généreux doit penser comme moi:
Tous ceux de votre sang sont l'appui de leur roi.
Eh bien! de vos vertus je demande une grâce.

COUCY.

Vos ordres sont sacrés : que faut-il que je fasse ?

ADÉLAÏDE.

Vos conseils généreux me pressent d'accepter
Ce rang dont un grand prince a daigné me flatter.
Je n'oublirai jamais combien son choix m'honore ;
J'en vois toute la gloire ; et quand je songe encore
Qu'avant qu'il fut épris de cet ardent amour
Il daigna me sauver et l'honneur et le jour,
Tout ennemi qu'il est de son roi légitime,
Tout vengeur des Anglais, tout protecteur du crime,
Accablée à ses yeux du poids de ses bienfaits,
Je crains de l'affliger, Seigneur, et je me tais.
Mais, malgré son service et ma reconnaissance,
Il faut par des refus répondre à sa constance,
Sa passion m'afflige ; il est dur à mon cœur,
Pour prix de tant de soins, de causer son malheur.
A ce prince, à moi-même épargnez cet outrage ;
Seigneur, vous pouvez tout sur ce jeune courage.
Souvent on vous a vu, par vos conseils prudens,
Modérer de son cœur les transports turbulens.
Daignez débarrasser ma vie et ma fortune.
De ces nœuds trop brillans, dont l'éclat m'importune.
De plus fières beautés, de plus dignes appas
Briguerout sa tendresse, où je ne prétends pas.

D'ailleurs, quel appareil, quel temps pour l'hyménée !
Des armes de mon roi Lille est environnée ;
J'entends de tous côtés les clameurs des soldats,
Et les sons de la guerre, et les cris du trépas.
La terreur me consume, et votre prince ignore -
Si Nemours ... si son frère, hélas ! respire encore.
Ce frère qu'il aima.... ce vertueux Nemours...
On disait que la parque avait tranché ses jours ;
Que la France en aurait une douleur mortelle !
Seigneur, au sang des rois il fut toujours fidèle.
S'il est vrai que sa mort.... Excusez mes ennuis,
Mon amour pour mes rois, et le trouble où je suis.

COUCY.

Vous pouvez l'expliquer au prince qui vous aime,
Et de tous vos secrets l'entretenir vous-même :
Il va venir, Madame ; et peut-être vos vœux....

ADELAÏDE.

Ah, Coucy ! prévenez le malheur de tous deux.
Si vous aimez ce prince, et si, dans mes alarmes,
Avec quelque pitié vous regardez mes larmes,
Sauvez-le, sauvez-moi de ce triste embarras ;
Daignez tourner ailleurs ses desseins et ses pas ;
Pleurante et désolée, empêchez qu'il me voie.

COUCY.

Je plains cette douleur où votre âme est en proie ;
Et, loin de la gêner d'un regard curieux,
Je baisse devant elle un œil respectueux :
Mais, quel que soit l'ennui dont votre cœur soupire,
Je vous ai déjà dit ce que j'ai dû vous dire ;
Je ne puis rien de plus : le prince est soupçonneux,
Je lui serais suspect en expliquant vos vœux ;

Je sais à quel excès irait sa jalousie,
Quel poison mes discours répandraient sur sa vie ;
Je vous perdrais peut-être ; et mon soin dangereux,
Madame, avec un mot, ferait trois malheureux.
Vous, à vos intérêts rendez-vous moins contraire ;
Pesez sans passion l'honneur qu'il veut vous faire.
Moi, libre entre vous deux, souffrez que, dès ce jour,
Oubliant à jamais le langage d'amour,
Tout entier à la guerre, et maître de mon âme,
J'abandonne à leur sort et vos vœux et sa flamme.
Je crains de l'affliger, je crains de vous trahir ;
Et ce n'est qu'aux combats que je dois le servir.
Laissez-moi d'un soldat garder le caractère,
Madame ; et puisque enfin la France vous est chère,
Rendez-lui ce héros qui serait son appui :
Je vous laisse y penser, et je cours près de lui.
Adieu, Madame.

SCÈNE II.

ADÉLAÏDE, TAISE.

ADÉLAÏDE.

Où suis-je ? hélas ! tout m'abandonne.
Nemours.... de tous côtés le malheur m'environne.
Ciel ! qui m'arrachera de ce cruel séjour ?

TAISE.

Quoi ! du duc de Vendôme, et le choix, et l'amour,
Quoi ! ce rang qui ferait le bonheur ou l'envie
De toutes les beautés dont la France est remplie,
Ce rang qui touche au trône, et qu'on met à vos pieds

Ferait couler les pleurs dont vos yeux sont noyés ?

ADÉLAÏDE.

Ici du haut des cieux du Guesclin me contemple,
De la fidélité ce héros fut l'exemple :
Je trahirais le sang qu'il versa pour nos lois,
Si j'acceptais la main du vainqueur de nos rois.

TAÏSE.

Quoi ! dans ces tristes temps de ligues et de haines,
Qui confondent des droits les bornes incertaines,
Où le meilleur parti semble encor si douteux,
Où les enfans des rois sont divisés entre eux ;
Vous, qu'un astre plus doux semblait avoir formée
Pour unir tous les cœurs et pour en être aimée,
Vous refusez l'honneur qu'on offre à vos appas
Pour l'intérêt d'un roi qui ne l'exige pas ?

ADÉLAÏDE, *en pleurant.*

Mon devoir me rangeait du parti de ses armes.

TAÏSE.

Ah ! le devoir tout seul fait-il verser des larmes ?
Si Vendôme vous aime, et si, par son secours....

ADÉLAÏDE.

Laisse-là ses bienfaits, et parle de Nemours.
N'en as-tu rien appris ? sait-on s'il vit encore ?

TAÏSE.

Voilà donc en effet le soin qui vous dévore,
Madame ?

ADÉLAÏDE.

Il est trop vrai ; je l'avoue, et mon cœur
Ne peut plus soutenir le poids de sa douleur.

Elle échappe, elle éclate, elle se justifie;
Et si Nemours n'est plus, sa mort finit ma vie.

TAÏSE.

Et vous pouviez cacher ce secret à ma foi!

ADÉLAÏDE.

Le secret de Nemours dépendait-il de moi?
Nos feux, toujours brûlans dans l'ombre du silence,
Trompaient de tous les yeux la triste vigilance;
Séparés l'un de l'autre, et sans cesse présens,
Nos cœurs de nos soupirs étaient seuls confidens;
Et Vendôme, surtout, ignorant ce mystère,
Ne sait pas si mes yeux ont jamais vu son frère.
Dans les murs de Paris.... mais, ô soins superflus!
Je te parle de lui, quand peut-être il n'est plus.
O murs où j'ai vécu de Vendôme ignorée!
O temps où, de Nemours en secret adorée,
Nous touchions l'un et l'autre au fortuné moment
Qui m'allait aux autels unir à mon amant!
La guerre a tout détruit. Fidèle au roi son maître,
Mon amant me quitta pour m'oublier peut-être;
Il partit; et mon cœur, qui le suivait toujours,
A vingt peuples armés redemanda Nemours.
Je portai dans Cambrai ma douleur inutile;
Je voulus rendre au roi cette superbe ville :
Nemours à ce dessein devait servir d'appui;
L'amour me conduisait, je faisais tout pour lui.
C'est lui qui, d'une fille animant le courage,
D'un peuple factieux me fit braver la rage;
Il exposa mes jours pour lui seul réservés,
Jours tristes, jours affreux, qu'un autre a conservés!
Ah! qui m'éclaircira d'un destin que j'ignore?

Français, qu'avez-vous fait du héros que j'adore?
Ses Lettres, autrefois chers gages de sa foi,
Trouvaient mille chemins pour venir jusqu'à moi;
Son silence me tue : hélas! il sait peut-être
Cet amour qu'à mes yeux son frère a fait paraître.
Tout ce que j'entrevois conspire à m'alarmer;
Et mon amant est mort, ou cesse de m'aimer!
Et, pour comble de maux, je dois tout à son frère!

TAÏSE.

Cachez bien à ses yeux ce dangereux mystère :
Pour vous, pour votre amant, redoutez son courroux.
Quelqu'un vient.

ADÉLAÏDE.

C'est lui-même, ô Ciel!

TAÏSE.

Contraignez-vous.

SCÈNE III.

LE DUC DE VENDOME, ADÉLAÏDE, TAISE.

VENDÔME.

J'oublie à vos genoux, charmante Adélaïde,
Le trouble et les horreurs où mon destin me guide;
Vous seule adoucissez les maux que nous souffrons,
Vous nous rendez plus pur l'air que nous respirons.
La discorde sanglante afflige ici la terre;
Vos jours sont entourés des piéges de la guerre.
J'ignore à quel destin le Ciel veut me livrer;
Mais si d'un peu de gloire il daigne m'honorer,
Cette gloire, sans vous obscure et languissante,

Des flambeaux de l'hymen deviendra plus brillante.
Souffrez que mes lauriers, attachés par vos mains,
Écartent le tonnerre et bravent les destins ;
Ou, si le Ciel jaloux a conjuré ma perte,
Souffrez que de nos noms ma tombe au moins couverte
Apprenne à l'avenir que Vendôme amoureux
Expira votre époux, et périt trop heureux.

ADÉLAÏDE.

Tant d'honneurs, tant d'amour, servent à me confondre ;
Prince... que lui dirai-je ? et comment lui répondre ?
Ainsi, Seigneur... Coucy ne vous a point parlé ?

VENDÔME.

Non, Madame... d'où vient que votre cœur troublé
Répond en frémissant à ma tendresse extrême ?
Vous parlez de Coucy, quand Vendôme vous aime.

ADÉLAÏDE.

Prince, s'il était vrai que ce brave Nemours
De ses ans pleins de gloire eût terminé le cours ;
Vous qui le chérissez d'une amitié si tendre,
Vous qui devez au moins des larmes à sa cendre,
Au milieu des combats, et près de son tombeau,
Pourriez-vous de l'hymen allumer le flambeau ?

VENDÔME.

Ah ! je jure par vous, vous qui m'êtes si chère,
Par les doux noms d'amans, par le saint nom de frère,
Que Nemours, après vous, fut toujours à mes yeux
Le plus cher des mortels, et le plus précieux.
Lorsqu'à mes ennemis sa valeur fut livrée,
Ma tendresse en souffrit, sans en être altérée.
Sa mort m'accablerait des plus horribles coups,

Et pour m'en consoler mon cœur n'aurait que vous.
Mais on croit trop ici l'aveugle renommée,
Son infidèle voix vous a mal informée :
Si mon frère était mort, doutez-vous que son roi
Pour m'apprendre sa perte eût dépêché vers moi ?
Ceux que le Ciel forma d'une race si pure,
Au milieu de la guerre écoutant la nature,
Et protecteurs des lois, que l'honneur doit dicter,
Même en se combattant savent se respecter ;
A sa perte, en un mot, donnons moins de créance.
Un bruit plus vraisemblable, et m'afflige, et m'offense.
On dit que vers ces lieux il a porté ses pas.

ADÉLAÏDE.

Seigneur, il est vivant ?

VENDÔME.

           Je lui pardonne, hélas !
Qu'au parti de son roi son intérêt le range ;
Qu'il le défende ailleurs, et qu'ailleurs il le venge ;
Qu'il triomphe pour lui, je le veux, j'y consens ;
Mais se mêler ici parmi les assiégeans,
Me chercher, m'attaquer, moi, son ami, son frère !..

ADÉLAÏDE.

Le roi le veut, sans doute.

VENDÔME.

           Ah ! destin trop contraire !
Se pourrait-il qu'un frère élevé dans mon sein,
Pour mieux servir son roi, levât sur moi sa main ?
Lui qui devrait plutôt, témoin de cette fête,
Partager, augmenter mon bonheur qui s'apprête.

ADÉLAÏDE.

Lui ?

VENDÔME.

C'est trop d'amertume en des momens si doux.
Malheureux par un frère, et fortuné par vous,
Tout entier à vous seule, et bravant tant d'alarmes,
Je ne veux voir que vous, mon hymen et vos charmes.
Qu'attendez-vous? donnez à mon cœur éperdu
Ce cœur que j'idolâtre, et qui m'est si bien dû.

ADÉLAÏDE.

Seigneur, de vos bienfaits mon âme est pénétrée;
La mémoire à jamais m'en est chère et sacrée;
Mais c'est trop prodiguer vos augustes bontés;
C'est mêler trop de gloire à mes calamités;
Et cet honneur...

VENDÔME.

Comment! ô Ciel! qui vous arrête?

ADÉLAÏDE.

Je dois...

SCÈNE IV.

VENDOME, ADÉLAIDE, TAISE, COUCY.

COUCY.

Prince, il est temps, marchez à notre tête.
Déjà les ennemis sont au pied des remparts;
Échauffez nos guerriers du feu de vos regards :
Venez vaincre.

VENDÔME.

Ah! courons : dans l'ardeur qui me presse,
Quoi! vous n'osez d'un mot rassurer ma tendresse?

Vous détournez les yeux! vous tremblez! et je voi
Que vous cachez des pleurs qui ne sont pas pour moi.

COUCY.

Le temps presse.

VENDÔME.

Il est temps que Vendôme périsse :
Il n'est point de Français que l'amour avilisse ;
Amans aimés, heureux, ils cherchent les combats,
Ils courent à la gloire, et je vole au trépas.
Allons, brave Coucy, la mort la plus cruelle,
La mort que je désire, est moins barbare qu'elle.

ADÉLAÏDE.

Ah! Seigneur, modérez cet injuste courroux ;
Autant que je le dois, je m'intéresse à vous.
J'ai payé vos bienfaits, mes jours, ma délivrance,
Par tous les sentimens qui sont en ma puissance ;
Sensible à vos dangers, je plains votre valeur.

VENDÔME.

Ah! que vous savez bien le chemin de mon cœur!
Que vous savez mêler la douceur à l'injure!
Un seul mot m'accablait, un seul mot me rassure.
Content, rempli de vous, j'abandonne ces lieux,
Et crois voir ma victoire écrite dans vos yeux.

SCÈNE V.

ADÉLAIDE, TAISE.

TAÏSE.

Vous voyez sans pitié sa tendresse alarmée.

ADÉLAÏDE.

Est-il bien vrai? Nemours serait-il dans l'armée?
O discorde fatale! amour plus dangereux!
Que vous coûterez cher à ce cœur malheureux!

FIN DU PREMIER ACTE.

ACTE II.

—

SCÈNE PREMIÈRE.

VENDOME, COUCY.

VENDÔME.

Nous périssions sans vous, Coucy, je le confesse :
Vos conseils ont guidé ma fougueuse jeunesse,
C'est vous dont l'esprit ferme et les yeux pénétrans
M'ont porté des secours en cent lieux différens.
Que n'ai-je, comme vous, ce tranquille courage,
Si froid dans le danger, si calme dans l'orage !
Coucy m'est nécessaire aux conseils, aux combats,
Et c'est à sa grande âme à diriger mon bras.

COUCY.

Ce courage brillant qu'en vous on voit paraître
Sera maître de tout quand vous en serez maître :
Vous l'avez su régler, et vous avez vaincu.
Ayez dans tous les temps cette utile vertu :
Qui sait se posséder, peut commander au monde.
Pour moi, de qui le bras faiblement vous seconde,
Je connais mon devoir, et je vous ai suivi :
Dans l'ardeur du combat je vous ai peu servi ;
Nos guerriers sur vos pas marchaient à la victoire ;
Et suivre les Bourbons, c'est voler à la gloire.
Vous seul, Seigneur, vous seul avez fait prisonnier

Ce chef des assaillans, ce superbe guerrier;
Vous l'avez pris vous-même; et, maître de sa vie,
Vos secours l'ont sauvé de sa propre furie.

VENDÔME.

D'où vient donc, cher Coucy, que cet audacieux
Sous son casque fermé se cachait à mes yeux?
D'où vient qu'en le prenant, qu'en saisissant ses armes,
J'ai senti malgré moi de nouvelles alarmes?
Un je ne sais quel trouble en moi s'est élevé :
Soit que ce triste amour dont je suis captivé,
Sur mes sens égarés répandant sa tendresse,
Jusqu'au sein des combats m'ait prêté sa faiblesse,
Qu'il ait voulu marquer toutes mes actions
Par la molle douceur de ses impressions;
Soit plutôt que la voix de ma triste patrie
Parle encore en secret au cœur qui l'a trahie,
Qu'elle condamne encor mes funestes succès,
Et ce bras qui n'est teint que du sang des Français.

COUCY.

Je prévois que bientôt cette guerre fatale,
Ces troubles intestins de la maison royale,
Ces tristes factions, céderont au danger
D'abandonner la France au fils de l'étranger.
Je vois que de l'Anglais la race est peu chérie;
Que leur joug est pesant; qu'on aime la patrie;
Que le sang des Capets est toujours adoré.
Tôt ou tard il faudra que de ce tronc sacré
Les rameaux divisés et courbés par l'orage,
Plus unis et plus beaux, soient notre unique ombrage.
Nous, Seigneur, n'avons-nous rien à nous reprocher?
Le sort au prince anglais voulut nous attacher;

De votre sang, du sien, la querelle est commune ;
Vous suivez son parti, je suis votre fortune.
Comme vous aux Anglais le destin m'a lié,
Vous, par le droit du sang, moi, par notre amitié ;
Permettez-moi ce mot... Eh quoi! votre âme émue...

VENDÔME.

Ah! voilà ce guerrier qu'on amène à ma vue.

SCÈNE II.

VENDOME, LE DUC DE NEMOURS, COUCY,
SOLDATS, SUITE.

VENDÔME.

Il soupire, il paraît accablé de regrets.

COUCY.

Son sang sur son visage a confondu ses traits ;
Il est blessé, sans doute.

NEMOURS, *dans le fond du théâtre.*

Entreprise funeste !

Qui de ma triste vie arrachera le reste ?
Où me conduisez-vous ?

VENDÔME.

Devant votre vainqueur,

Qui sait d'un ennemi respecter la valeur.
Venez ; ne craignez rien.

NEMOURS, *se tournant vers son écuyer.*

Je ne crains que de vivre ;

Sa présence m'accable, et je ne puis poursuivre.
Il ne me connaît plus, et mes sens attendris...

VENDÔME.

Quelle voix, quels accens ont frappé mes esprits ?

NEMOURS, *le regardant.*

M'as-tu pu méconnaître?

VENDÔME, *l'embrassant.*

Ah, Nemours! ah, mon frère!

NEMOURS.

Ce nom jadis si cher, ce nom me désespère.
Je ne le suis que trop ce frère infortuné,
Ton ennemi vaincu, ton captif enchaîné.

VENDÔME.

Tu n'es plus que mon frère. Ah, moment plein de charmes!
Ah! laisse-moi laver ton sang avec mes larmes.

(*à sa suite.*)

Avez-vous par vos soins...

NEMOURS.

Oui, leurs cruels secours
Ont arrêté mon sang, ont veillé sur mes jours,
De la mort que je cherche ont écarté l'approche.

VENDÔME.

Ne te détourne point; ne crains point mon reproche:
Mon cœur te fut connu; peux-tu t'en défier?
Le bonheur de te voir me fait tout oublier:
J'eusse aimé contre un autre à montrer mon courage:
Hélas! que je te plains!

NEMOURS.

Je te plains davantage
De haïr ton pays, de trahir sans remords
Et le roi qui t'aimait, et le sang dont tu sors.

VENDÔME.

Arrête: épargne-moi l'infâme nom de traître;
A cet indigne mot je m'oublirais peut-être;
Frémis d'empoisonner la joie et les douceurs

Que ce tendre moment doit verser dans nos cœurs;
Dans ce jour malheureux, que l'amitié l'emporte!

NEMOURS.

Quel jour!

VENDÔME.

Je le bénis.

NEMOURS.

Il est affreux.

VENDÔME.

N'importe:
Tu vis, je te revois, et je suis trop heureux.
O Ciel! de tous côtés vous remplissez mes vœux!

NEMOURS.

Je te crois. On disait que d'un amour extrême,
Violent, effréné (car c'est ainsi qu'on aime),
Ton cœur, depuis trois mois, s'occupait tout entier.

VENDÔME.

J'aime; oui, la renommée a pu le publier;
Oui, j'aime avec fureur: une telle alliance
Semblait pour mon bonheur attendre ta présence;
Oui, mes ressentimens, mes droits, mes alliés,
Gloire, amis, ennemis, je mets tout à ses pieds.
(à un officier de sa suite.)
Allez, et dites-lui que deux malheureux frères,
Jetés par le destin dans des partis contraires,
Pour marcher désormais sous le même étendard,
De ses yeux souverains n'attendent qu'un regard.
(à Nemours.)
Ne blâme point l'amour où ton frère est en proie;
Pour me justifier il suffit qu'on la voie.

NEMOURS.

O Ciel!... elle vous aime!...

VENDÔME.

Elle le doit, du moins :
Il n'était qu'un obstacle au succès de mes soins ;
Il n'en est plus; je veux que rien ne nous sépare.

NEMOURS.

Quels effroyables coups le cruel me prépare !
Écoute : à ma douleur ne veux-tu qu'insulter?
Me connais-tu? sais-tu ce que j'ose attenter ?
Dans ces funestes lieux sais-tu ce qui m'amène?

VENDÔME.

Oublions ces sujets de discorde et de haine.

SCÈNE III.

VENDOME, NEMOURS, ADÉLAIDE, COUCY.

VENDÔME.

Madame, vous voyez que du sein du malheur
Le Ciel, qui nous protége, a tiré mon bonheur.
J'ai vaincu, je vous aime, et je retrouve un frère;
Sa présence à mon cœur vous rend encor plus chère.

ADÉLAÏDE.

Le voici! malheureuse! ah, cache au moins tes pleurs !

NEMOURS, *entre les bras de son écuyer.*

Adélaïde... ô Ciel !... c'en est fait, je me meurs.

VENDÔME.

Que vois-je? sa blessure à l'instant s'est rouverte!
Son sang coule.

NEMOURS.

Est-ce à toi de prévenir ma perte ?

VENDÔME.

Ah, mon frère !

NEMOURS.

Ote-toi, je chéris mon trépas.

ADÉLAÏDE.

Ciel !... Nemours !

NEMOURS, *à Vendôme.*

Laisse-moi.

VENDÔME.

Je ne te quitte pas,

SCÈNE IV.

ADÉLAIDE, TAISE.

ADÉLAÏDE.

On l'emporte, il expire : il faut que je le suive.

TAÏSE.

Ah ! que cette douleur se taise et se captive.
Plus vous l'aimez, Madame, et plus il faut songer
Qu'un rival violent...

ADÉLAÏDE.

Je songe à son danger :
Voilà ce que l'amour et mon malheur lui coûte.
Taïse, c'est pour moi qu'il combattait, sans doute,
C'est moi que dans ces murs il osait secourir ;
Il servait son monarque, il m'allait conquérir.
Quel prix de tant de soins ! quel fruit de sa constance !
Hélas ! mon tendre amour accusait son absence :

Je demandais Nemours, et le Ciel me le rend :
J'ai revu ce que j'aime, et l'ai revu mourant;
Ces lieux sont teints du sang qu'il versait à ma vue.
Ah, Taïse! est-ce ainsi que je lui suis rendue?
Va le trouver; va, cours auprès de mon amant.

TAÏSE.

Eh! ne craignez-vous pas que tant d'empressement
N'ouvre les yeux jaloux d'un prince qui vous aime?
Tremblez de découvrir...

ADÉLAÏDE.

J'y volerai moi-même.
D'une autre main, Taïse, il reçoit des secours!
Un autre a le bonheur d'avoir soin de ses jours!
Il faut que je le voie, et que de son amante
La faible main s'unisse à sa main défaillante.
Hélas! des mêmes coups nos deux cœurs pénétrés...

TAÏSE.

Au nom de cet amour, arrêtez, demeurez;
Reprenez vos esprits.

ADÉLAÏDE.

Rien ne m'en peut distraire.

SCÈNE V.

VENDOME, ADÉLAIDE, TAISE.

ADÉLAÏDE.

Ah, Prince! en quel état laissez-vous votre frère?

VENDÔME.

Madame, par mes mains son sang est arrêté;

Il a repris sa force et sa tranquillité.
Je suis le seul à plaindre et le seul en alarmes;
Je mouille en frémissant mes lauriers de mes larmes;
Et je hais ma victoire et mes prospérités,
Si je n'ai par mes soins vaincu vos cruautés;
Si votre incertitude, alarmant mes tendresses,
Ose encor démentir la foi de vos promesses.

ADÉLAÏDE.

Je ne vous promis rien; vous n'avez point ma foi;
Et la reconnaissance est tout ce que je doi.

VENDÔME.

Quoi! lorsque de ma main je vous offrais l'hommage!..

ADÉLAÏDE.

D'un si noble présent j'ai vu tout l'avantage :
Et, sans chercher ce rang qui ne m'était pas dû,
Par de justes respects je vous ai répondu.
Vos bienfaits, votre amour et mon amitié même,
Tout vous flattait sur moi d'un empire suprême;
Tout vous a fait penser qu'un rang si glorieux,
Présenté par vos mains, éblouïrait mes yeux;
Vous vous trompiez: il faut rompre enfin le silence.
Je vais vous offenser, je me fais violence;
Mais, réduite à parler, je vous dirai, Seigneur,
Que l'amour de mes rois est gravé dans mon cœur.
De votre sang au mien je vois la différence;
Mais celui dont je sors a coulé pour la France;
Ce digne connétable en mon cœur a transmis
La haine qu'un Français doit à ses ennemis;
Et sa nièce jamais n'acceptera pour maître
L'allié des Anglais, quelque grand qu'il puisse être.

Voilà les sentimens que son sang m'a tracés;
Et s'ils vous font rougir, c'est vous qui m'y forcez.

VENDÔME.

Je suis, je l'avoûrai, surpris de ce langage,
Je ne m'attendais pas à ce nouvel outrage,
Et n'avais pas prévu que le sort en courroux
Pour m'accabler d'affronts dût se servir de vous.
Vous avez fait, Madame, une secrète étude
Du mépris, de l'insulte, et de l'ingratitude;
Et votre cœur enfin, lent à se déployer,
Hardi par ma faiblesse, a paru tout entier.
Je ne connaissais pas tout ce zèle héroïque,
Tant d'amour pour vos rois, ou tant de politique.
Mais vous, qui m'outragez, me connaissez-vous bien?
Vous reste-t-il ici de parti que le mien?
Vous qui me devez tout, vous qui, sans ma défense,
Auriez de ces Français assouvi la vengeance,
De ces mêmes Français à qui vous vous vantez
De conserver la foi d'un cœur que vous m'ôtez!
Est-ce donc là le prix de vous avoir servie?

ADÉLAÏDE.

Oui, vous m'avez sauvée; oui, je vous dois la vie:
Mais, Seigneur, mais, hélas! n'en puis-je disposer?
Me la conserviez-vous pour la tyranniser?

VENDÔME.

Je deviendrai tyran, mais moins que vous, cruelle;
Mes yeux lisent trop bien dans votre âme rebelle.
Tous vos prétextes faux m'apprennent vos raisons:
Je vois mon déshonneur, je vois vos trahisons.
Quel que soit l'insolent que ce cœur me préfère,

Redoutez mon amour, tremblez de ma colère :
C'est lui seul désormais que mon bras va chercher ;
De son cœur tout sanglant j'irai vous arracher ;
Et si, dans les horreurs du sort qui nous accable,
De quelque joie encor ma fureur est capable,
Je la mettrai, perfide, à vous désespérer.

ADÉLAÏDE.

Non, Seigneur, la raison saura vous éclairer ;
Non, votre âme est trop noble, elle est trop élevée
Pour opprimer ma vie après l'avoir sauvée.
Mais si votre grand cœur s'avilissait jamais
Jusqu'à persécuter l'objet de vos bienfaits,
Sachez que ces bienfaits, vos vertus, votre gloire,
Plus que vos cruautés, vivront dans ma mémoire.
Je vous plains, vous pardonne, et veux vous respecter ;
Je vous ferai rougir de me persécuter ;
Et je conserverai, malgré votre menace,
Une âme sans courroux, sans crainte, et sans audace.

VENDÔME.

Arrêtez ; pardonnez aux transports égarés,
Aux fureurs d'un amant que vous désespérez.
Je vois trop qu'avec vous Coucy d'intelligence
D'une cour qui me hait embrasse la défense,
Que vous voulez tous deux m'unir à votre roi,
Et de mon sort enfin disposer malgré moi ;
Vos discours sont les siens. Ah ! parmi tant d'alarmes,
Pourquoi recourez-vous à ces nouvelles armes ?
Pour gouverner mon cœur, l'asservir, le changer,
Aviez-vous donc besoin d'un secours étranger ?
Aimez, il suffira un mot de votre bouche.

ADÉLAÏDE.

Je ne vous cache point que du soin qui me touche
A votre ami, Seigneur, mon cœur s'était remis ;
Je vois qu'il a plus fait qu'il ne m'avait promis.
Ayez pitié des pleurs que mes yeux lui confient :
Vous les faites couler, que vos mains les essuient.
Devenez assez grand pour apprendre à dompter
Des feux que mon devoir me force à rejeter ;
Laissez-moi tout entière à la reconnaissance.

VENDÔME.

Le seul Coucy sans doute a votre confiance :
Mon outrage est connu ; je sais vos sentimens.

ADÉLAÏDE.

Vous les pourrez, Seigneur, connaître avec le temps,
Mais vous n'aurez jamais le droit de les contraindre,
Ni de les condamner, ni même de vous plaindre.
D'un guerrier généreux j'ai recherché l'appui ;
Imitez sa grande âme, et pensez comme lui.

SCÈNE VI.

VENDOME seul.

Eh bien ! c'en est donc fait ; l'ingrate, la parjure,
A mes yeux sans rougir étale mon injure :
De tant de trahisons l'abîme est découvert ;
Je n'avais qu'un ami, c'est lui seul qui me perd.
Amitié, vain fantôme, ombre que j'ai chérie,
Toi qui me consolais des malheurs de ma vie,
Bien que j'ai trop aimé, que j'ai trop méconnu,

Trésor cherché sans cesse et jamais obtenu !
Tu m'as trompé, cruelle, autant que l'amour même ;
Et maintenant, pour prix de mon erreur extrême,
Détrompé des faux biens trop faits pour me charmer,
Mon destin me condamne à ne plus rien aimer.
Le voilà cet ingrat qui, fier de son parjure,
Vient encor de ses mains déchirer ma blessure.

SCÈNE VII.

VENDOME, COUCY.

COUCY.

Prince, me voilà prêt ; disposez de mon bras...
Mais d'où naît à mes yeux cet étrange embarras ?
Quand vous avez vaincu, quand vous sauvez un frère,
Heureux de tous côtés, qui peut donc vous déplaire ?

VENDÔME.

Je suis désespéré ; je suis haï ; jaloux.

COUCY.

Eh bien ! de vos soupçons quel est l'objet ? qui ?

VENDÔME.

Vous.

Vous, dis-je, et du refus qui vient de me confondre,
C'est vous, ingrat ami, qui devez me répondre.
Je sais qu'Adélaïde ici vous a parlé ;
En vous nommant à moi la perfide a tremblé ;
Vous affectez sur elle un odieux silence,
Interprète muet de votre intelligence :
Elle cherche à me fuir, et vous à me quitter ;
Je crains tout, je crois tout.

COUCY.

Voulez-vous m'écouter ?

VENDÔME.

Je le veux.

COUCY.

Pensez-vous que j'aime encor la gloire ?
M'estimez-vous encore, et pourrez-vous me croire ?

VENDÔME.

Oui, jusqu'à ce moment je vous crus vertueux ;
Je vous crus mon ami.

COUCY.

Ces titres glorieux
Furent toujours pour moi l'honneur le plus insigne ;
Et vous allez juger si mon âme en est digne.
Sachez qu'Adélaïde avait touché mon cœur
Avant que, de sa vie heureux libérateur,
Vous eussiez par vos soins, par cet amour sincère,
Surtout par vos bienfaits, tant de droits de lui plaire.
Moi, plus soldat que tendre, et dédaignant toujours
Ce grand art de séduire, inventé dans les cours,
Ce langage flatteur, et souvent si perfide,
Peu fait pour mon esprit, peut-être trop rigide,
Je lui parlais d'hymen ; et ce nœud respecté,
Resserré par l'estime et par l'égalité,
Pouvait lui préparer des destins plus propices
Qu'un rang plus élevé, mais sur des précipices.
Hier avec la nuit je vins dans vos remparts :
Tout votre cœur parut à mes premiers regards ;
De cet ardent amour la nouvelle semée
Par vos emportemens me fut trop confirmée.

Je vis de vos chagrins les funestes accès ;
J'en approuvai la cause, et j'en blâmai l'excès.
Aujourd'hui j'ai revu cet objet de vos larmes ;
D'un œil indifférent j'ai regardé ses charmes ;
Libre et juste auprès d'elle, à vous seul attaché,
J'ai fait valoir les feux dont vous êtes touché ;
J'ai de tous vos bienfaits rappelé la mémoire,
L'éclat de votre rang, celui de votre gloire,
Sans cacher vos défauts vantant votre vertu,
Et pour vous contre moi j'ai fait ce que j'ai dû.
Je m'immole à vous seul, et je me rends justice ;
Et, si ce n'est assez d'un si grand sacrifice,
S'il est quelque rival qui vous ose outrager,
Tout mon sang est à vous, et je cours vous venger.

VENDÔME.

Ah ! généreux ami, qu'il faut que je révère,
Oui, le destin dans toi me donne un second frère.
Je n'en étais pas digne, il le faut avouer ;
Mon cœur...

COUCY.

      Aimez-moi, Prince, au lieu de me louer ;
Et si vous me devez quelque reconnaissance,
Faites votre bonheur ; il est ma récompense.
Vous voyez quelle ardente et fière inimitié
Votre frère nourrit contre votre allié :
Sur ce grand intérêt souffrez que je m'explique.
Vous m'avez soupçonné de trop de politique,
Quand j'ai dit que bientôt on verrait réunis
Les débris dispersés de l'empire des lis.
Je vous le dis encore au sein de votre gloire ;
Et vos lauriers brillans, cueillis par la victoire,

Pourront sur votre front se flétrir désormais,
S'ils n'y sont soutenus de l'olive de paix.
Tous les chefs de l'état, lassés de ces ravages,
Cherchent un port tranquille après tant de naufrages;
Gardez d'être réduit au hasard dangereux
De vous voir ou trahir, ou prévenir par eux;
Passez-les en prudence aussi bien qu'en courage;
De cet heureux moment prenez tout l'avantage;
Gouvernez la fortune, et sachez l'asservir :
C'est perdre ses faveurs que tarder d'en jouir,
Ses retours sont fréquens, vous devez les connaître.
Il est beau de donner la paix à votre maître :
Son égal aujourd'hui, demain dans l'abandon,
Vous vous verrez réduit à demander pardon.
La gloire vous conduit, que la raison vous guide.

VENDÔME.

Brave et prudent Coucy, crois-tu qu'Adélaïde
Dans son cœur amolli partagerait mes feux,
Si le même parti nous unissait tous deux?
Penses-tu qu'à m'aimer je pourrais la réduire?

COUCY.

Dans le fond de son cœur je n'ai point voulu lire :
Mais qu'importent pour vous ses vœux et ses desseins?
Faut-il que l'amour seul fasse ici nos destins?
Lorsque Philippe-Auguste, aux plaines de Bovines,
De l'état déchiré répara les ruines;
Quand seul il arrêta, dans nos champs inondés,
De l'empire germain les torrens débordés;
Tant d'honneurs étaient-ils l'effet de sa tendresse?
Sauva-t-il son pays pour plaire à sa maîtresse?
Verrai-je un si grand cœur à ce point s'avilir?

Le salut de l'état dépend-il d'un soupir?
Aimez, mais en héros qui maîtrise son âme,
Qui gouverne à la fois ses états et sa flamme.
Mon bras contre un rival est prêt à vous servir :
Je voudrais faire plus, je voudrais vous guérir.
On connaît peu l'amour, on craint trop son amorce;
C'est sur nos lâchetés qu'il a fondé sa force :
C'est nous qui, sous son nom, troublons notre repos?
Il est tyran du faible, esclave du héros.
Puisque je l'ai vaincu, puisque je le dédaigne,
Dans l'âme d'un Bourbon souffrirez-vous qu'il règne?
Vos autres ennemis par vous sont abattus,
Et vous devez en tout l'exemple des vertus.

VENDÔME.

Le sort en est jeté, je ferai tout pour elle :
Il faut bien à la fin désarmer la cruelle;
Ses lois seront mes lois, son roi sera le mien;
Je n'aurai de parti, de maître que le sien
Possesseur d'un trésor où s'attache ma vie,
Avec mes ennemis je me réconcilie;
Je lirai dans ses yeux mon sort et mon devoir;
Mon cœur est enivré de cet heureux espoir :
Enfin plus de prétexte à ses refus injustes;
Raison, gloire, intérêt, et tous ces droits augustes
Des princes de mon sang et de mes souverains,
Sont des liens sacrés resserrés par ses mains.
Du roi, puisqu'il le faut, soutenons la couronne;
La vertu le conseille, et la beauté l'ordonne.
Je veux entre tes mains, en ce fortuné jour,
Sceller tous les sermens que je fais à l'amour :
Quant à mes intérêts, que toi seule en décide.

COUCY.

Souffrez donc près du roi que mon zèle me guide;
Peut-être il eût fallu que ce grand changement
Ne fût dû qu'au héros, et non pas à l'amant :
Mais si d'un si grand cœur une femme dispose,
L'effet en est trop beau pour en blâmer la cause;
Et mon cœur, tout rempli de cet heureux retour,
Bénit votre faiblesse, et rend grâce à l'amour.

FIN DU SECOND ACTE.

ACTE III.

***

SCÈNE PREMIÈRE.

NEMOURS, DANGESTE.

NEMOURS.

Combat infortuné; destin qui me poursuis!
O mort, mon seul recours, douce mort qui me fuis!
Ciel! n'as-tu conservé la trame de ma vie
Que pour tant de malheurs et tant d'ignominie!
Adélaïde... au moins pourrai-je la revoir?

DANGESTE.

Vous la verrez, Seigneur.

NEMOURS.

                                    Ah! mortel désespoir
Elle ose me parler, et moi je le souhaite!

DANGESTE.

Seigneur, en quel état votre douleur vous jette!
Vos jours sont en péril, et ce sang agité...

NEMOURS.

Mes déplorables jours sont trop en sûreté;
Ma blessure est légère, elle m'est insensible;
Que celle de mon cœur est profonde et terrible!

DANGESTE.

Remerciez les cieux de ce qu'ils ont permis

Que vous ayez trouvé de si chers ennemis.
Il est dur de tomber dans des mains étrangères ;
Vous êtes prisonnier du plus tendre des frères.

NEMOURS.

Mon frère ! ah, malheureux !

DANGESTE.

Il vous était lié
Par les nœuds les plus saints d'une pure amitié :
Que n'éprouvez-vous point de sa main secourable !

NEMOURS.

Sa fureur m'eût flatté, son amitié m'accable.

DANGESTE.

Quoi ! pour être engagé dans d'autres intérêts,
Le haïssez-vous tant ?

NEMOURS.

Je l'aime, et je me hais ;
Et, dans les passions de mon âme éperdue,
La voix de la nature est encore entendue.

DANGESTE.

Si contre un frère aimé vous avez combattu,
J'en ai vu quelque temps frémir votre vertu ;
Mais le roi l'ordonnait, et tout vous justifie.
L'entreprise était juste aussi bien que hardie.
Je vous ai vu remplir, dans cet affreux combat,
Tous les devoirs d'un chef, et tous ceux d'un soldat ;
Et vous avez rendu, par des faits incroyables,
Votre défaite illustre, et vos fers honorables.
On a perdu bien peu, quand on garde l'honneur.

NEMOURS.

Non, ma défaite, ami, ne fait point mon malheur.

Du Guesclin, des Français l'amour et le modèle,
Aux Anglais si terrible, à son roi si fidèle,
Vit ses honneurs flétris par de plus grands revers :
Deux fois sa main puissante a langui dans les fers :
Il n'en fut que plus grand, plus fier et plus à craindre.
Et son vainqueur tremblant fut bientôt seul à plaindre.
Du Guesclin, nom sacré, nom toujours précieux,
Quoi ! ta coupable nièce évite encor mes yeux !
Ah ! sans doute, elle a dû redouter mes reproches.
Ainsi donc, cher Dangeste, elle fuit tes reproches ?
Tu n'as pu lui parler ?

DANGESTE.

Seigneur, je vous ai dit
Que bientôt....

NEMOURS.

Ah, pardonne à mon cœur interdit.
Trop chère Adélaïde ! Eh bien ! quand tu l'as vue,
Parle, à mon nom du moins paraissait-elle émue ?

DANGESTE.

Votre sort en secret paraissait la toucher ;
Elle versait des pleurs, et voulait les cacher.

NEMOURS.

Elle pleure, et m'outrage ! elle pleure, et m'opprime !
Son cœur, je le vois bien, n'est pas né pour le crime :
Pour me sacrifier elle aura combattu ;
La trahison la gêne, et pèse à sa vertu :
Faible soulagement à ma fureur jalouse !
T'a-t-on dit en effet que mon frère l'épouse ?

DANGESTE.

S'il s'en vantait lui-même, en pouvez-vous douter ?

NEMOURS.

Il l'épouse! à ma honte elle vient insulter!
Ah Dieu!

SCÈNE II.

ADÉLAÏDE, NEMOURS.

ADÉLAÏDE.

Le Ciel vous rend à mon âme attendrie;
En veillant sur vos jours il conserva ma vie.
Je vous revois, cher prince, et mon cœur empressé...
Juste Ciel! quels regards, et quel accueil glacé!

NEMOURS.

L'intérêt qu'à mes jours vos bontés daignent prendre
Est d'un cœur généreux; mais il doit me surprendre.
Vous aviez en effet besoin de mon trépas:
Mon rival plus tranquille eût passé dans vos bras;
Libre dans vos amours et sans inquiétude,
Vous jouiriez en paix de votre ingratitude;
Et les remords honteux qu'elle traîne après soi,
S'il peut vous en rester, périssaient avec moi.

ADÉLAÏDE.

Hélas! que dites-vous? Quelle fureur subite...

NEMOURS.

Non, votre changement n'est pas ce qui m'irrite.

ADÉLAÏDE.

Mon changement? Nemours!

NEMOURS.

A vous seule asservi,
Je vous aimai trop bien pour n'être point trahi;
C'est le sort des amans, et ma honte est commune:

Mais que vous insultiez vous-même à ma fortune!
Qu'en ces murs, où vos yeux ont vu couler mon sang,
Vous acceptiez la main qui m'a percé le flanc,
Et que vous osiez joindre à l'horreur qui m'accable,
D'une fausse pitié l'affront insupportable!
Qu'à mes yeux...

ADÉLAÏDE.

Ah! plutôt donnez-moi le trépas;
Immolez votre amante, et ne l'accusez pas.
Mon cœur n'est point armé contre votre colère,
Cruel, èt vos soupçons manquaient à ma misère.
Ah!Nemours,de quels maux nos jours empoisonnés...

NEMOURS.

Vous me plaignez, cruelle, et vous m'abandonnez!

ADÉLAÏDE.

Je vous pardonne, hélas! cette fureur extrême,
Tout, jusqu'à vos soupçons, jugez si je vous aime.

NEMOURS.

Vous m'aimeriez? qui, vous? et Vendôme à l'instant
Entoure de flambeaux l'autel qui vous attend;
Lui-même il m'a vanté sa gloire et sa conquête.
Le barbare! il m'invite à cette horrible fête!
Que plutôt...

ADÉLAÏDE.

Ah, cruel! me faut-il employer
Les momens de vous voir à me justifier?
Votre frère, il est vrai, persécute ma vie,
Et par un fol amour, et par sa jalousie,
Et par l'emportement dont je crains les effets,
Et, le dirai-je encor, Seigneur? par ses bienfaits.
J'atteste ici le Ciel, témoin de ma conduite...

Mais pourquoi l'attester? Nemours, suis-je réduite,
Pour vous persuader de si vrais sentimens,
Au secours inutile et honteux des sermens?
Non, non; vous connaissez le cœur d'Adélaïde;
C'est vous qui conduisez ce cœur faible et timide.

NEMOURS.

Mais mon frère vous aime?

ADÉLAÏDE.

Ah! n'en redoutez rien.

NEMOURS.

Il sauva vos beaux jours!

ADÉLAÏDE.

Il sauva votre bien:
Dans Cambrai, je l'avoue, il daigna me défendre;
Au roi que nous servons il promit de me rendre;
Et mon cœur se plaisait, trompé par mon amour,
Puisqu'il est votre frère, à lui devoir le jour.
J'ai répondu, Seigneur, à sa flamme funeste
Par un refus constant, mais tranquille et modeste,
Et mêlé du respect que je devrai toujours
A mon libérateur, au frère de Nemours :
Mais mon respect l'enflamme, et mon refus l'irrite;
J'anime, en l'évitant, l'ardeur de sa poursuite;
Tout doit, si je l'en crois, céder à son pouvoir;
Lui plaire est ma grandeur, l'aimer est mon devoir.
Qu'il est loin, juste Dieu! de penser que ma vie,
Que mon âme à la vôtre est pour jamais unie.
Que vous causez les pleurs dont mes yeux sont chargés,
Que mon cœur vous adore, et que vous m'outragez!
Oui, vous êtes tous deux formés pour mon supplice,
Lui, par sa passion; vous, par votre injustice;

Vous, Nemours, vous ingrat, que je vois aujourd'hui
Moins amoureux peut-être, et plus cruel que lui.

NEMOURS.

C'en est trop...pardonnez...voyez mon âme en proie
A l'amour, aux remords, à l'excès de ma joie.
Digne et charmant objet d'amour et de douleur,
Ce jour infortuné, ce jour fait mon bonheur.
Glorieux, satisfait, dans un sort si contraire,
Tout captif que je suis, j'ai pitié de mon frère :
Il est le seul à plaindre avec votre courroux ;
Et je suis son vainqueur étant aimé de vous.

SCÈNE III.

VENDOME, NEMOURS, ADÉLAIDE.

VENDÔME.

Connaissez donc enfin jusqu'où va ma tendresse,
Et tout votre pouvoir, et toute ma faiblesse :
Et vous, mon frère, et vous, soyez ici témoin
Si l'excès de l'amour peut emporter plus loin.
Ce que votre amitié, ce que votre prière,
Les conseils de Coucy, le roi, la France entière,
Exigeaient de Vendôme, et qu'ils n'obtenaient pas,
Soumis et subjugué, je l'offre à ses appas.
L'amour, qui malgré vous nous a faits l'un pour l'autre,
Ne me laisse de choix, de parti que le vôtre ;
Je prends mes lois de vous ; votre maître est le mien :
De mon frère et de moi soyez l'heureux lien ;
Soyez-le de l'état, et que ce jour commence
Mon bonheur et le vôtre, et la paix de la France.
Vous, courez, mon cher frère, allez dès ce moment

Annoncer à la cour un si grand changement.
Moi, sans perdre de temps, dans ce jour d'allégresse,
Qui m'a rendu mon roi, mon frère, et ma maîtresse,
D'un bras vraiment français je vais, dans vos remparts,
Sous nos lis triomphans briser les léopards.
Soyez libre, partez, et de mes sacrifices
Allez offrir au roi les heureuses prémices.
Puissé-je à ses genoux présenter aujourd'hui
Celle qui m'a dompté, qui me ramène à lui,
Qui d'un prince ennemi fait un sujet fidèle,
Changé par ses regards, et vertueux par elle!

NEMOURS.

(à part.)

Il fait ce que je veux, et c'est pour m'accabler!

(à Adélaïde.)

Prononcez notre arrêt, Madame, il faut parler.

VENDÔME.

Eh quoi, vous demeurez interdite et muette?
De mes soumissions êtes-vous satisfaite?
Est-ce assez qu'un vainqueur vous implore à genoux?
Faut-il encore ma vie, ingrate? elle est à vous;
Vous n'avez qu'à parler, j'abandonne sans peine
Ce sang infortuné proscrit par votre haine.

ADÉLAÏDE.

Seigneur, mon cœur est juste; on ne m'a vu jamais
Mépriser vos bontés et haïr vos bienfaits;
Mais je ne puis penser qu'à mon peu de puissance
Vendôme ait attaché le destin de la France;
Qu'il n'ait lu son devoir que dans mes faibles yeux;
Qu'il ait besoin de moi pour être vertueux;
Vos desseins ont sans doute une source plus pure;

Vous avez consulté le devoir, la nature ;
L'amour a peu de part où doit régner l'honneur.

VENDÔME.

L'amour seul a tout fait, et c'est là mon malheur ;
Sur tout autre intérêt ce triste amour l'emporte.
Accablez-moi de honte, accusez-moi, n'importe.
Dussé-je vous déplaire et forcer votre cœur,
L'autel est prêt ; venez.

NEMOURS.

Vous osez...?

ADÉLAÏDE.

Non, Seigneur.

Avant que je vous cède, et que l'autel nous lie,
Aux yeux de votre frère arrachez-moi la vie.
Le sort met entre nous un obstacle éternel ;
Je ne puis être à vous.

VENDÔME.

Nemours... ingrate... Ah Ciel !

C'en est donc fait..mais non.. mon.cœur sait se contraindre
Vous ne méritez pas que je daigne m'en plaindre.
Vous auriez dû peut-être, avec moins de détour,
Dans ses premiers transports étouffer mon amour,
Et par un prompt aveu, qui m'eût guéri sans doute,
M'épargner les affronts que ma bonté me coûte.
Mais je vous rends justice ; et ces séductions
Qui vont au fond des cœurs chercher nos passions,
L'espoir qu'on donne à peine, afin qu'on le saisisse,
Ce poison préparé des mains de l'artifice,
Sont les armes d'un sexe aussi trompeur que vain,
Que l'œil de la raison regarde avec dédain.
Je suis libre par vous : cet art que je déteste,

Cet art qui m'enchaîna, brise un joug si funeste ;
Et je ne prétends pas, indignement épris,
Rougir devant mon frère, et souffrir des mépris.
Montrez-moi seulement ce rival qui se cache,
Je lui cède avec joie un poison qu'il m'arrache ;
Je vous dédaigne assez tous deux pour vous unir,
Perfide ! et c'est ainsi que je dois vous punir.

ADÉLAÏDE.

Je devrais seulement vous quitter et me taire ;
Mais je suis accusée, et ma gloire m'est chère.
Votre frère est présent, et mon honneur blessé
Doit repousser les traits dont il est offensé.
Pour un autre que vous ma vie est destinée ;
Je vous en fais l'aveu, je m'y vois condamnée.
Oui, j'aime ; et je serais indigne devant vous
De celui que mon cœur s'est promis pour époux,
Indigne de l'aimer, si, par ma complaisance,
J'avais à votre amour laissé quelque espérance.
Vous avez regardé ma liberté, ma foi,
Comme un bien de conquête, et qui n'est plus à moi.
Je vous devais beaucoup ; mais une telle offense
Ferme à la fin mon cœur à la reconnaissance :
Sachez que des bienfaits qui font rougir mon front
A mes yeux indignés ne sont plus qu'un affront.
J'ai plaint de votre amour la violence vaine ;
Mais, après ma pitié, n'attirez point ma haine.
J'ai rejeté vos vœux, que je n'ai point bravés ;
J'ai voulu votre estime, et vous me la devez.

VENDÔME.

Je vous dois ma colère, et sachez qu'elle égale
Tous les emportemens de mon amour fatale.

Quoi donc, vous attendiez, pour oser m'accabler,
Que Nemours fût présent, et me vit immoler ?
Vous vouliez ce témoin de l'affront que j'endure ?
Allez, je le croirais l'auteur de mon injure,
Si... mais il n'a point vu vos funestes appas ;
Mon frère trop heureux ne vous connaissait pas.
Nommez donc mon rival ; mais gardez-vous de croire
Que mon lâche dépit lui cède la victoire.
Je vous trompais ; mon cœur ne peut feindre long-temps :
Je vous traîne à l'autel à ses yeux expirans ;
Et ma main, sur sa cendre, à votre main donnée,
Va tremper dans le sang les flambeaux d'hyménée.
Je sais trop qu'on a vu lâchement abusés
Pour des mortels obscurs des princes méprisés ;
Et mes yeux perceront, dans la foule inconnue,
Jusqu'à ce vil objet qui se cache à ma vue.

NEMOURS.

Pourquoi d'un choix indigne osez-vous l'accuser ?

VENDÔME.

Et pourquoi vous, mon frère, osez-vous l'excuser ?
Est-il vrai que de vous elle était ignorée ?
Ciel ! à ce piège affreux ma foi serait livrée !
Tremblez.

NEMOURS.

Moi, que je tremble ! ah ! j'ai trop dévoré
L'inexprimable horreur où toi seul m'as livré.
J'ai forcé trop long-temps mes transports au silence.
Connais moi donc, barbare, et remplis ta vengeance ;
Connais un désespoir à tes fureurs égal :
Frappe, voilà mon cœur, et voilà ton rival.

VENDÔME.

Toi, cruel ! toi, Nemours ?

NEMOURS.

                Oui, depuis deux années,
L'amour la plus secrète a joint nos destinées.
C'est toi dont les fureurs ont voulu m'arracher
Le seul bien sur la terre où j'ai pu m'attacher.
Tu fais depuis trois mois les horreurs de ma vie;
Les maux que j'éprouvais passaient ta jalousie :
Par tes égaremens juge de mes transports.
Nous puisâmes tous deux dans ce sang dont je sors
L'excès des passions qui dévorent mon âme;
La nature à tous deux fit un cœur tout de flamme.
Mon frère est mon rival, et je l'ai combattu;
J'ai fait taire le sang, peut-être la vertu :
Furieux, aveuglé, plus jaloux que toi-même,
J'ai couru, j'ai volé, pour t'ôter ce que j'aime;
Rien ne m'a retenu, ni tes superbes tours,
Ni le peu de soldats que j'avais pour secours,
Ni le lieu, ni le temps, ni surtout ton courage;
Je n'ai vu que ma flamme, et ton feu qui m'outrage.
L'amour fut dans mon cœur plus fort que l'amitié :
Sois cruel comme moi, punis-moi sans pitié;
Aussi bien tu ne peux t'assurer ta conquête,
Tu ne peux l'épouser qu'aux dépens de ma tête.
A la face des cieux je lui donne ma foi;
Je te fais de nos vœux le témoin malgré toi.
Frappe, et qu'après ce coup ta cruauté jalouse
Traîne au pied des autels ta sœur et mon épouse;
Frappe, dis-je : oses-tu ?

VENDÔME.

Traître, c'en est assez.
Qu'on l'ôte de mes yeux : soldats, obéissez.

ADÉLAÏDE.

(aux soldats.)

Non ; demeurez, cruels... Ah ! prince, est-il possible
Que la nature en vous trouve une âme inflexible ?
Seigneur !

NEMOURS.

Vous, le prier ? plaignez-le plus que moi ;
Plaignez-le : il vous offense ; il a trahi son roi.
Va, je suis dans ces lieux plus puissant que toi-même ;
Je suis vengé de toi ; l'on te hait, et l'on m'aime.

ADÉLAÏDE.

(à Nemours.)   (à Vendôme.)

Ah, cher prince... Ah, Seigneur ! voyez à vos genoux...

VENDÔME.

(aux soldats.)   (à Adélaïde.)

Qu'on m'en réponde, allez. Madame, levez-vous.
Vos prières, vos pleurs en faveur d'un parjure,
Sont un nouveau poison versé sur ma blessure :
Vous avez mis la mort dans ce cœur outragé ;
Mais, perfide, croyez que je mourrai vengé.
Adieu : si vous voyez les effets de ma rage,
N'en accusez que vous ; nos maux sont votre ouvrage.

ADÉLAÏDE.

Je ne vous quitte pas : écoutez-moi, Seigneur.

VENDÔME.

Eh bien ! achevez donc de déchirer mon cœur ;
Parlez.

SCÈNE IV.

VENDOME, NEMOURS, ADÉLAIDE, COUCY,
DANGESTE, UN OFFICIER, SOLDATS.

COUCY.

J'allais partir : un peuple téméraire
Se soulève en tumulte au nom de votre frère ;
Le désordre est partout ; vos soldats consternés
Désertent les drapeaux de leurs chefs étonnés ;
Et, pour comble de maux, vers la ville alarmée
L'ennemi rassemblé fait marcher son armée.

VENDÔME.

Allez, cruelle, allez ; vous ne jouirez pas
Du fruit de votre haine et de vos attentats :
Rentrez. Aux factieux je vais montrer leur maître.

  (*à l'officier.*)   (*à Coucy.*)

Qu'on la garde. Courons. Vous, veillez sur ce traître.

SCENE V.

NEMOURS, COUCY.

COUCY.

Le seriez-vous, Seigneur ? auriez-vous démenti
Le sang de ces héros dont vous êtes sorti ?
Auriez-vous violé, par cette lâche injure,
Et les droits de la guerre, et ceux de la nature ?
Un prince à cet excès pourrait-il s'oublier ?

NEMOURS.

Non ; mais suis-je réduit à me justifier ?
Coucy, ce peuple est juste, il t'apprend à connaître

Que mon frère est rebelle, et que Charle est son maître.

COUCY.

Écoutez : ce serait le comble de mes vœux
De pouvoir aujourd'hui vous réunir tous deux.
Je vois avec regret la France désolée ;
A nos dissensions la nature immolée,
Sur nos communs débris l'Anglais trop élevé
Menaçant cet état par nous-même énervé.
Si vous avez un cœur digne de votre race,
Faites au bien public servir votre disgrâce ;
Rapprochez les partis ; unissez-vous à moi
Pour calmer votre frère, et fléchir votre roi,
Pour éteindre le feu de nos guerres civiles.

NEMOURS.

Ne vous en flattez pas, vos soins sont inutiles :
Si la discorde seule avait armé mon bras,
Si la guerre et la haine avaient conduit mes pas,
Vous pourriez espérer de réunir deux frères ;
L'un de l'autre écartés dans des partis contraires ;
Un obstacle plus grand s'oppose à ce retour.

COUCY.

Et quel est-il Seigneur ?

NEMOURS.

Ah ; reconnais l'amour ;
Reconnais la fureur qui de nous deux s'empare,
Qui m'a fait téméraire, et qui le rend barbare.

COUCY.

Ciel ! faut-il voir ainsi, par des caprices vains,
Anéantir le fruit des plus nobles desseins ;
L'amour subjuguer tout ; ses cruelles faiblesses
Du sang qui se révolte étouffer les tendresses ;

Des frères se haïr ; et naître en tous climats
Des passions des grands le malheur des états ?
Prince, de vos amours laissons là le mystère.
Je vous plains tous les deux; mais je sers votre frère.
Je vais le seconder, je vais me joindre à lui
Contre un peuple insolent qui se fait votre appui.
Le plus pressant danger est celui qui m'appelle.
Je vois qu'il peut avoir une fin bien cruelle ;
Je vois les passions plus puissantes que moi ;
Et l'amour seul ici me fait frémir d'effroi.
Mon devoir a parlé; je vous laisse, et j'y vole.
Soyez mon prisonnier, mais sur votre parole ;
Elle me suffira.

NEMOURS.

Je vous la donne.

COUCY.

Et moi
Je voudrais de ce pas porter la sienne au roi;
Je voudrais cimenter, dans l'ardeur de lui plaire,
Du sang de nos tyrans une union si chère.
Mais ces fiers ennemis sont bien moins dangereux
Que ce fatal amour qui vous perdra tous deux.

FIN DU TROISIÈME ACTE.

ACTE IV.

SCÈNE PREMIÈRE.

NEMOURS, ADÉLAÏDE, DANGESTE,

NEMOURS.

Non, non, ce peuple en vain s'armait pour ma défense ;
Mon frère, teint de sang, enivré de vengeance,
Devenu plus jaloux, plus fier et plus cruel,
Va traîner à mes yeux sa victime à l'autel.
Je ne suis donc venu disputer ma conquête
Que pour être témoin de cette horrible fête !
Et, dans le désespoir d'un impuissant courroux,
Je ne puis me venger qu'en me privant de vous !
Partez, Adélaïde.

ADÉLAÏDE.

Il faut que je vous quitte !...
Quoi ! vous m'abandonnez !... vous ordonnez ma fuite !

NEMOURS.

Il le faut ; chaque instant est un péril fatal ;
Vous êtes une esclave aux mains de mon rival
Remercions le Ciel dont la bonté propice
Nous suscite un secours au bord du précipice.
Vous voyez cet ami qui doit guider vos pas ;
Sa vigilance adroite a séduit des soldats.

(à Dangeste.)

Dangeste, ses malheurs ont droit à tes services :

Je suis loin d'exiger d'injustes sacrifices ;
Je respecte mon frère, et je ne prétends pas
Conspirer contre lui dans ses propres états.
Écoute seulement la pitié qui te guide,
Écoute un vrai devoir, et sauve Adélaïde.

ADÉLAÏDE.

Hélas ! ma délivrance augmente mon malheur.
Je détestais ces lieux, j'en sors avec terreur.

NEMOURS.

Privez-moi par pitié d'une si chère vue :
Tantôt à ce départ vous étiez résolue ;
Le dessein était pris, n'osez-vous l'achever ?

ADÉLAÏDE.

Ah ! quand j'ai voulu fuir, j'espérais vous trouver.

NEMOURS.

Prisonnier sur ma foi, dans l'horreur qui me presse,
Je suis plus enchaîné par ma seule promesse
Que si de cet état les tyrans inhumains
Des fers les plus pesans avaient chargé mes mains :
Au pouvoir de mon frère ici l'honneur me livre ;
Je peux mourir pour vous, mais je ne peux vous suivre :
Vous suivrez cet ami par des détours obscurs
Qui vous rendront bientôt sous ces coupables murs ;
De la Flandre à sa voix on doit ouvrir la porte ;
Du roi sous les remparts il trouvera l'escorte.
Le temps presse, évitez un ennemi jaloux.

ADÉLAÏDE.

Je vois qu'il faut partir... cher Nemours et sans vous.

NEMOURS.

L'amour nous a rejoints, que l'amour nous sépare.

ADÉLAÏDE.

Qui ! moi ? que je vous laisse au pouvoir d'un barbare !
Seigneur, de votre sang l'Anglais est altéré ;
Ce sang à votre frère est-il donc si sacré ?
Craindra-t-il d'accorder, dans son courroux funeste ,
Aux alliés qu'il aime un rival qu'il déteste ?

NEMOURS.

Il n'oserait.

ADÉLAÏDE.

Son cœur ne connaît point de frein ;
Il vous a menacé, menace-t-il en vain ?

NEMOURS.

Il tremblera bientôt : le roi vient et nous venge ;
La moitié de ce peuple à ses drapeaux se range.
Allez : si vous m'aimez, dérobez-vous aux coups
Des foudres allumés grondant autour de nous ,
Au tumulte, au carnage, au désordre effroyable,
Dans des murs pris d'assaut malheur inévitable :
Mais craignez encor plus mon rival furieux ;
Craignez l'amour jaloux qui veille dans ses yeux.
Je frémis de vous voir encor sous sa puissance ;
Redoutez son amour autant que sa vengeance :
Cédez à mes douleurs ; qu'il vous perde : partez.

ADÉLAÏDE.

Et vous vous exposez seul à ses cruautés ?

NEMOURS.

Ne craignant rien pour vous, je craindrai peu mon frère ;
Et bientôt mon appui lui devient nécessaire.

ADÉLAÏDE.

Aussi bien que mon cœur, mes pas vous sont soumis.

Eh bien! vous l'ordonnez, je pars, et je frémis :
Je ne sais.... mais enfin la fortune jalouse
M'a toujours envié le nom de votre épouse.

NEMOURS.

Partez avec ce nom; la pompe des autels,
Ces voiles, ces flambeaux, ces témoins solennels,
Inutiles garans d'une foi si sacrée,
La rendront plus connue, et non plus assurée.
Vous, mânes des Bourbons, princes, rois mes aïeux,
Du séjour des héros tournez ici les yeux :
J'ajoute à votre gloire en la prenant pour femme;
Confirmez mes sermens, ma tendresse, et ma flamme;
Adoptez-la pour fille, et puisse son époux
Se montrer à jamais digne d'elle et de vous!

ADÉLAÏDE.

Rempli de vos bontés mon cœur n'a plus d'alarmes;
Cher époux, cher amant....

NEMOURS.

    Quoi, vous versez des larmes!
C'est trop tarder; adieu... Ciel? quel tumulte affreux!

SCÈNE II.

ADÉLAIDE, NEMOURS, VENDOME, GARDES.

VENDÔME.

Je l'entends, c'est lui-même : arrête malheureux!
Lâche qui me trahis, rival indigne, arrête !

NEMOURS.

Il ne te trahit point; mais il t'offre sa tête :
Porte à tous les excès ta haine et ta fureur;
Va, ne perds point de temps, le Ciel arme un vengeur.

Tremble; ton roi s'approche, il vient, il va paraître.
Tu n'as vaincu que moi, redoute encore ton maître.

ADÉLAÏDE.

Non, cruel! c'est à moi de mourir.
J'ai tout fait : c'est par moi que ta garde est séduite;
J'ai gagné tes soldats ; j'ai préparé ma fuite :
Punis ces attentats et ces crimes si grands
De sortir d'esclavage et de fuir ses tyrans;
Mais respecte ton frère, et sa femme, et toi-même:
Il ne t'a point trahi, c'est un frère qui t'aime;
Il voulait te servir, quand tu veux l'opprimer.
Quel crime a-t-il commis, cruel, que de m'aimer?
L'amour n'est-il en toi qu'un juge inexorable?

VENDÔME.

Plus vous le défendez, plus il devient coupable;
C'est vous qui le perdez, vous qui l'assassinez;
Vous par qui tous nos jours étaient empoisonnés ;
Vous qui, pour leur malheur, armiez des mains si chères.
Puisse tomber sur vous tout le sang des deux frères!
Vous pleurez; mais vos pleurs ne peuvent me tromper;
Je suis prêt à mourir, et prêt à le frapper.
Mon malheur est au comble ainsi que ma faiblesse.
Oui, je vous aime encor; le temps, le péril presse :
Vous pouvez à l'instant parer le coup mortel;
Voilà ma main, venez : sa grâce est à l'autel.

ADÉLAÏDE.

Moi, Seigneur ?

VENDÔME.

C'est assez.

ADÉLAÏDE.

Moi, que je le trahisse!

VENDÔME.

Arrêtez.... répondez....

ADÉLAÏDE.

Je ne puis.

VENDÔME.

Qu'il périsse!

NEMOURS, *à Adélaïde.*

Ne vous laissez pas vaincre en ces affreux combats,
Osez m'aimer assez pour vouloir mon trépas :
Abandonnez mon sort aux coups qu'il me prépare.
Je mourrai triomphant des coups de ce barbare;
Et si vous succombiez à son lâche courroux,
Je n'en mourrais pas moins, mais je mourrais par vous.

VENDÔME.

Qu'on l'entraîne à la tour : allez qu'on m'obéisse.

SCÈNE III.

VENDOME, ADÉLAÏDE.

ADÉLAÏDE.

Vous, cruel, vous feriez cet affreux sacrifice!
De son vertueux sang vous pourriez vous couvrir!
Quoi! voulez-vous....

VENDÔME.

Je veux vous haïr et mourir,
Vous rendre malheureuse encor plus que moi-même,
Répandre devant vous tout le sang qui vous aime,

Et vous laisser des jours plus cruels mille fois
Que le jour où l'amour nous a perdus tous trois.
Laissez-moi ; votre vue augmente mon supplice.

SCÈNE IV.

VENDOME, ADÉLAIDE, COUCY.

ADÉLAÏDE, *à Coucy.*

Ah ! je n'attends plus rien que de votre justice ;
Coucy, contre un cruel osez me secourir.

VENDÔME.

Garde-toi de l'entendre ou tu vas me trahir.

ADÉLAÏDE.

J'atteste ici le Ciel....

VENDÔME.

Qu'on l'ôte de ma vue.
Ami, délivre-moi d'un objet qui me tue.

ADÉLAÏDE.

Va, tyran, c'en est trop, va, dans mon désespoir,
J'ai combattu l'horreur que je sens à te voir ;
J'ai cru, malgré ta rage, à ce point emportée,
Qu'une femme du moins en serait respectée :
L'amour adoucit tout, hors ton barbare cœur ;
Tigre, je t'abandonne à toute ta fureur.
Dans ton féroce amour immole tes victimes ;
Compte, dès ce moment, ma mort parmi tes crimes ;
Mais compte encor la tienne : un vengeur va venir ;
Par ton juste supplice il va tous nous unir.
Tombe avec tes remparts ; tombe, et péris sans gloire ;
Meurs, et que l'avenir prodigue à ta mémoire,

À tes feux, à ton nom, justement abhorrés,
La haine et le mépris que tu m'as inspirés.

SCÈNE V.

VENDOME, COUCY.

VENDÔME.

Oui, cruelle ennemie, et plus que moi farouche,
Oui, j'accepte l'arrêt prononcé par ta bouche :
Que la main de la haine, et que les mêmes coups
Dans l'horreur du tombeau nous réunissent tous.

(*il tombe dans un fauteuil.*)

COUCY.

Il ne se connaît plus ; il succombe à sa rage.

VENDÔME.

Eh bien ! souffriras-tu ma honte et mon outrage ?
Le temps presse ; veux-tu qu'un rival odieux
Enlève la perfide, et l'épouse à mes yeux ?
Tu crains de me répondre ! attends-tu que le traître
Ait soulevé mon peuple, et me livre à son maître ?

COUCY.

Je vois trop, en effet, que le parti du roi
Du peuple fatigué fait chanceler la foi.
De la sédition la flamme réprimée
Vit encor dans les cœurs, en secret rallumée.

VENDÔME.

C'est Nemours qui l'allume ; il nous a trahis tous.

COUCY.

Je suis loin d'excuser ses crimes envers vous :
La suite en est funeste, et me remplit d'alarmes.
Dans la plaine déjà les Français sont en armes,

Et vous êtes perdu, si le peuple excité
Croit dans la trahison trouver sa sûreté.
Vos dangers sont accrus.

VENDÔME.

Eh bien ! que faut-il faire ?

COUCY.

Les prévenir ; dompter l'amour et la colère.
Ayons encor, mon prince, en cette extrémité,
Pour prendre un parti sûr assez de fermeté.
Nous pouvons conjurer ou braver la tempête ;
Quoi que vous décidiez, ma main est toute prête.
Vous vouliez ce matin, par un heureux traité,
Apaiser avec gloire un monarque irrité :
Ne vous rebutez pas ; ordonnez, et j'espère
Signer en votre nom cette paix salutaire ;
Mais s'il vous faut combattre et courir au trépas,
Vous savez qu'un ami ne vous survivra pas.

VENDÔME.

Ami, dans le tombeau laisse-moi seul descendre ;
Vis pour servir ma cause, et pour venger ma cendre :
Mon destin s'accomplit, et je cours l'achever :
Qui ne veut que la mort est sûr de la trouver ;
Mais je la veux terrible ; et lorsque je succombe
Je veux voir mon rival entraîné dans ma tombe.

COUCY.

Comment ! de quelle horreur vos sens sont possédés !

VENDÔME.

Il est dans cette tour, où vous seul commandez ;
Et vous m'avez promis que contre un téméraire...

COUCY.

De qui me parlez-vous, Seigneur ? de votre frère ?

VENDÔME.

Non, je parle d'un traître et d'un lâche ennemi,
D'un rival qui m'abhorre et qui m'a tout ravi :
L'Anglais attend de moi la tête du parjure.

COUCY.

Vous leur avez promis de trahir la nature ?

VENDÔME.

Dès long-temps du perfide ils ont proscrit le sang.

COUCY.

Et pour leur obéir, vous lui percez le flanc ?

VENDÔME.

Non, je n'obéis point à leur haine étrangère ;
J'obéis à ma rage, et veux la satisfaire.
Que m'importe l'état et mes vains alliés ?

COUCY.

Ainsi donc à l'amour vous le sacrifiez ?
Et vous me chargez, moi, du soin de son supplice !

VENDÔME.

Je n'attends pas de vous cette prompte justice.
Je suis bien malheureux, bien digne de pitié !
Trahi dans mon amour, trahi dans l'amitié !
Ah, trop heureux dauphin ! c'est ton sort que j'envie ;
Ton amitié du moins n'a point été trahie ;
Et Tanguy du Châtel, quand tu fus offensé,
T'a servi sans scrupule, et n'a point balancé.
Allez : Vendôme encor, dans le sort qui le presse,
Trouvera des amis qui tiendront leur promesse ;
D'autres me serviront, et n'allégueront pas
Cette triste vertu, l'excuse des ingrats.

COUCY, *après un long silence.*

Non ; j'ai pris mon parti. Soit crime, soit justice,

Vous ne vous plaindrez pas que Coucy vous trahisse.
Je ne souffrirai pas que d'un autre que moi,
Dans de pareils momens vous éprouviez la foi.
Quand un ami se perd, il faut qu'on l'avertisse ;
Il faut qu'on le retienne au bord du précipice :
Je l'ai dû, je l'ai fait malgré votre courroux ;
Vous y voulez tomber, je m'y jette avec vous ;
Et vous reconnaîtrez, au succès de mon zèle,
Si Coucy vous aimait, et s'il vous fut fidèle.

VENDÔME.

Je revois mon ami... vengeons-nous ; vole... attend...
Non, va, te dis-je, frappe, et je mourrai content :
Qu'à l'instant de sa mort, à mon impatience,
Le canon des remparts annonce ma vengeance ;
J'irai, je l'apprendrai sans trouble et sans effroi
A l'objet odieux qui l'immole par moi.
Allons.

COUCY.

En vous rendant ce malheureux service,
Prince, je vous demande un autre sacrifice.

VENDÔME.

Parle.

COUCY.

Je ne veux pas que l'Anglais en ces lieux,
Protecteur insolent, commande sous mes yeux ;
Je ne veux pas servir un tyran qui nous brave.
Ne puis-je vous venger, sans être son esclave ?
Si vous voulez tomber, pourquoi prendre un appui ?
Pour mourir avec vous ai-je besoin de lui ?
Du sort de ce grand jour laissez-moi la conduite :
Ce que je fais pour vous peut-être le mérite,

Les Anglais avec moi pourraient mal s'accorder;
Jusqu'au dernier moment je veux seul commander.

VENDÔME.

Pourvu qu'Adélaïde, au désespoir réduite,
Pleure en larmes de sang l'amant qui l'a séduite;
Pourvu que de l'horreur de ses gémissemens,
Mon courroux se repaisse à mes derniers momens,
Tout le reste est égal, et je te l'abandonne:
Prépare le combat, agis, dispose, ordonne.
Ce n'est plus la victoire où ma fureur prétend:
Je ne cherche pas même un trépas éclatant:
Aux cœurs désespérés qu'importe un peu de gloire?
Périsse ainsi que moi ma funeste mémoire!
Périsse avec mon nom le souvenir fatal
D'une indigne maîtresse et d'un lâche rival!

COUCY.

Je l'avoue avec vous, une nuit éternelle
Doit couvrir, s'il se peut, une fin si cruelle;
C'était avant ce coup qu'il nous fallait mourir.
Mais je tiendrai parole, et je vais vous servir.

FIN DU QUATRIÈME ACTE.

ACTE V.

SCÈNE PREMIÈRE.

VENDOME, UN OFFICIER, GARDES.

VENDÔME.

O Ciel! me faudra-t-il de momens en momens
Voir et des trahisons et des soulèvemens?
Eh bien! de ces mutins l'audace est terrassée?

L'OFFICIER.

Seigneur, ils vous ont vu, leur foule est dispersée.

VENDÔME.

L'ingrat de tous côtés m'opprimait aujourd'hui;
Mon malheur est parfait, tous les cœurs sont à lui.
Dangeste est-il puni de sa fourbe cruelle?

L'OFFICIER.

Le glaive a fait coulé le sang de l'infidèle.

VENDÔME.

Ce soldat qu'en secret vous m'avez amené,
Va-t-il exécuter l'ordre que j'ai donné?

L'OFFICIER.

Oui, Seigneur, et déjà vers la tour il s'avance.

VENDÔME.

Je vais donc à la fin jouir de ma vengeance!
Sur l'incertain Coucy mon cœur a trop compté;
Il a vu ma fureur avec tranquillité:

On ne soulage point des douleurs qu'on méprise ;
Il faut qu'en d'autres mains ma vengeance soit mise.
Vous, que sur nos remparts on porte nos drapeaux ;
Allez, qu'on se prépare à des périls nouveaux.
Vous sortez d'un combat, un autre vous appelle ;
Ayez la même audace avec le même zèle :
Imitez votre maître ; et s'il vous faut périr,
Vous recevrez de moi l'exemple de mourir.

(seul.)

Le sang, l'indigne sang qu'a demandé ma rage
Sera du moins pour moi le signal du carnage :
Un bras vulgaire et sûr va punir mon rival ;
Je vais être servi : j'attends l'heureux signal.
Nemours, tu vas périr ; mon bonheur se prépare...
Un frère assassiné ! quel bonheur ! Ah ! barbare !
S'il est doux d'accabler ses cruels ennemis,
Si ton cœur est content, d'où vient que tu frémis ?
Allons... Mais quelle voix gémissante et sévère
Crie au fond de mon cœur : Arrête, il est ton frère !
Ah ! prince infortuné, dans ta haine affermi,
Songe à des droits plus saints ; Nemours fut ton ami !
O jours de notre enfance ! ô tendresses passées !
Il fut le confident de toutes mes pensées ;
Avec quelle innocence et quels épanchemens
Nos cœurs se sont appris leurs premiers sentimens !
Que de fois, partageant mes naissantes alarmes,
D'une main fraternelle essuya-t-il mes larmes !
Et c'est moi qui l'immole ! et cette même main
D'un frère que j'aimai déchirerait le sein !
O passion funeste ! ô douleur qui m'égare !
Non, je n'étais point né pour devenir barbare.

Je sens combien le crime est un fardeau cruel.
Mais que dis-je? Nemours est le seul criminel.
Je reconnais mon sang, mais c'est à sa furie;
Il m'enlève l'objet dont dépendait ma vie;
Il aime Adélaïde... Ah! trop jaloux transport!
Il l'aime; est-ce un forfait qui mérite la mort?
Hélas! malgré le temps, et la guerre, et l'absence,
Leur tranquille union croissait dans le silence;
Ils nourrissaient en paix leur innocente ardeur,
Avant qu'un fol amour empoisonnât mon cœur.
Mais lui-même il m'attaque, il brave ma colère,
Il me trompe, il me hait : n'importe, il est mon frère!
Il ne périra point. Nature, je me rends;
Je ne veux point marcher sur les pas des tyrans.
Je n'ai point entendu le signal homicide;
L'organe des forfaits, la voix du parricide;
Il en est encor temps.

SCÈNE II.

VENDOME, L'OFFICIER DES GARDES.

VENDÔME.

Que l'on sauve Nemours!
Portez mon ordre, allez, répondez de ses jours.

L'OFFICIER.

Hélas, Seigneur! j'ai vu non loin de cette porte
Un corps souillé de sang qu'en secret on emporte;
C'est Coucy qui l'ordonne; et je crains que le sort...

VENDÔME.

(*On entend le canon.*)
Quoi, déjà...!Dieu, qu'entends-je?ahCiel!mon frère est mort.

Il est mort, et je vis ! et la terre entr'ouverte,
Et la foudre en éclats n'ont point vengé-sa perte !
Ennemi de l'état, factieux, inhumain,
Frère dénaturé, ravisseur, assassin,
Voilà quel est Vendôme. Ah ! vérité funeste !
Je vois ce que je suis et ce que je déteste !
Le voile est déchiré, je m'étais mal connu.
Au comble des forfaits je suis donc parvenu !
Ah ! Nemours ! ah, mon frère ! ah, jour de ma ruine.
Je sens que je t'aimais, et mon bras t'assassine;
Mon frère !

L'OFFICIER.

Adélaïde avec empressement
Veut, Seigneur, en secret vous parler un moment.

VENDÔME.

Chers amis, empêchez que la cruelle avance;
Je ne puis soutenir ni souffrir sa présence :
Mais non ; d'un parricide elle doit se venger;
Dans mon coupable sang sa main doit se plonger;
Qu'elle entre... Ah ! je succombe, et ne vis plus qu'à peine.

SCÈNE III.

VENDOME, ADÉLAIDE.

ADÉLAÏDE.

Vous l'emportez, Seigneur, et puisque votre haine,
(Comment puis-je autrement appeler en ce jour
Ces affreux sentimens que vous nommez amour?)
Puisqu'à ravir ma foi votre haine obstinée
Veut ou le sang d'un frère, ou ce triste hyménée...
Puisque je suis réduite au déplorable sort

Ou de trahir Nemours, ou de hâter sa mort,
Et que, de votre rage et ministre et victime,
Je n'ai plus qu'à choisir mon supplice et mon crime;
Mon choix est fait, Seigneur, et je me donne à vous :
Par le droit des forfaits vous êtes mon époux :
Brisez les fers honteux dont vous chargez un frère;
De Lille sous ses pas abaissez la barrière;
Que je ne tremble plus pour des jours si chéris; ·
Je trahis mon amant, je le perds à ce prix;
Je vous épargne un crime, et suis votre conquête :
Commandez, disposez, ma main est toute prête.
Sachez que cette main que vous tyrannisez
Punira la faiblesse où vous me réduisez;
Sachez qu'au temple même où vous m'allez conduire...
Mais vous voulez ma foi, ma foi doit vous suffire.
Allons... Eh quoi! d'où vient ce silence affecté?
Quoi! votre frère encor n'est point en liberté?

VENDÔME.

Mon frère?

ADÉLAÏDE.

Dieu puissant! dissipez mes alarmes!
Ciel! de vos yeux cruels je vois tomber des larmes!

VENDÔME.

Vous demandez sa vie...

ADÉLAÏDE.

Ah! qu'est-ce que j'entends?
Vous qui m'aviez promis...

VENDÔME.

Madame, il n'est plus temps.

ADÉLAÏDE.

Il n'est plus temps! Nemours...!

VENDÔME.

Il est trop vrai, cruelle!
Oui, vous avez dicté sa sentence mortelle.
Coucy pour nos malheurs a trop su m'obéir.
Ah! revenez à vous, vivez pour me punir,
Frappez; que votre main contre moi ranimée,
Perce un cœur inhumain qui vous a trop aimée;
Un cœur dénaturé qui n'attend que vos coups.
Oui, j'ai tué mon frère, et l'ai tué pour vous.
Vengez sur un amant coupable et sanguinaire
Tous les crimes affreux que vous m'avez fait faire.

ADÉLAÏDE.

Nemours est mort? barbare...!

VENDÔME.

Oui; mais c'est de ta main
Que son sang veut ici le sang de l'assassin.

ADÉLAÏDE, *soutenue par* Taïse, *et presque évanouie.*

Il est mort!

VENDÔME.

Ton reproche....

ADÉLAÏDE.

Épargne ma misère:
Laisse-moi, je n'ai plus de reproche à te faire;
Va, porte ailleurs ton crime et ton vain repentir.
Je veux encor le voir, l'embrasser, et mourir.

VENDÔME.

Ton horreur est trop juste. Eh bien! Adélaïde,
Prends ce fer, arme-toi, mais contre un parricide.
Je ne mérite pas de mourir de tes coups;
Que ma main les conduise.

SCÈNE IV.

VENDOME, ADÉLAIDE, COUCY.

COUCY.

Ah Ciel! que faites-vous?

VENDÔME. (*On le désarme.*)

Laisse-moi me punir, et me rendre justice.

ADÉLAÏDE, *à Coucy.*

Vous, d'un assassinat vous êtes le complice?

VENDÔME.

Ministre de mon crime, as-tu pu m'obéir?

COUCY.

Je vous avais promis, Seigneur, de vous servir.

VENDÔME.

Malheureux que je suis! ta sévère rudesse
A cent fois de mes sens combattu la faiblesse;
Ne devais-tu te rendre à mes tristes souhaits
Que quand ma passion t'ordonnait des forfaits?
Tu ne m'as obéi que pour perdre mon frère!

COUCY.

Lorsque j'ai refusé ce sanglant ministère,
Votre aveugle courroux n'allait-il pas soudain
Du soin de vous venger charger une autre main?

VENDÔME.

L'amour, le seul amour, de mes sens toujours maître,
En m'ôtant ma raison, m'eût excusé peut-être;
Mais toi, dont la sagesse et les réflexions
Ont calmé dans ton sein toutes les passions,
Toi, dont j'avais tant craint l'esprit ferme et rigide,
Avec tranquillité permettre un parricide!

COUCY.

Eh bien! puisque la honte avec le repentir,
Par qui la vertu parle à qui peut la trahir,
D'un si juste remords ont pénétré votre âme;
Puisque, malgré l'excès de votre aveugle flamme,
Au prix de votre sang vous voudriez sauver
Ce sang dont vos fureurs ont voulu vous priver,
Je peux donc m'expliquer, je peux donc vous apprendre
Que de vous-même enfin Coucy sait vous défendre.
Connaissez-moi, Madame, et calmez vos douleurs.

(au duc.)   (à Adélaïde.)

Vous, gardez vos remords; et vous, séchez vos pleurs;
Que ce jour à tous trois soit un jour salutaire.
Venez, paraissez, prince, embrassez votre frère.

(Le théâtre s'ouvre, Nemours paraît.)

SCÈNE V.

VENDOME, ADÉLAIDE, NEMOURS, COUCY.

ADÉLAÏDE.

Nemours!

VENDÔME.

Mon frère!

ADÉLAÏDE.

Ah Ciel!

VENDÔME.

Qui l'aurait pu penser?

NEMOURS, s'avançant du fond du théâtre.

J'ose encor te revoir, te plaindre, et t'embrasser.

VENDÔME.

Mon crime en est plus grand, puisque ton cœur l'oublie.

ADÉLAÏDE.

Coucy, digne héros, qui me donnez la vie !

VENDÔME.

Il la donne à tous trois.

COUCY.

Un indigne assassin
Sur Nemours à mes yeux avait levé la main ;
J'ai frappé le barbare, et, prévenant encore
Les aveugles fureurs du feu qui vous dévore,
J'ai fait donner soudain le signal odieux,
Sûr que le repentir vous ouvrirait les yeux.

VENDÔME.

Après ce grand exemple et ce service insigne,
Le prix que je t'en dois, c'est de m'en rendre digne.
Le fardeau de mon crime est trop pesant pour moi ;
Mes yeux, couverts d'un voile et baissés devant toi,
Craignent de rencontrer et les regards d'un frère,
Et la beauté fatale à tous les deux trop chère.

NEMOURS.

Tous deux auprès du roi nous voulions te servir.
Quel est donc ton dessein ? parle.

VENDÔME.

De me punir ;
De nous rendre à tous trois une égale justice ;
D'expier devant vous, par le plus grand supplice,
Le plus grand des forfaits où la fatalité,

L'amour et le courroux m'avaient précipité.
J'aimais Adélaïde, et ma flamme cruelle,
Dans mon cœur désolé, s'irrite encor pour elle :
Coucy sait à quel point j'adorais ses appas ;
Quand ma jalouse rage ordonnait ton trépas ;
Dévoré malgré moi du feu qui me possède,
Je l'adore encor plus.... et mon amour la cède.
Je m'arrache le cœur, je la mets dans tes bras :
Aimez-vous ; mais au moins ne me haïssez pas.

NEMOURS , *à ses pieds.*

Moi, vous haïr jamais ! Vendôme, mon cher frère !
J'osai vous outrager.... vous me servez de père.

ADÉLAÏDE.

Oui, Seigneur, avec lui j'embrasse vos genoux ;
La plus tendre amitié va me rejoindre à vous :
Vous me payez trop bien de ma douleur soufferte.

VENDÔME.

Ah ! c'est trop me montrer mes malheurs et ma perte !
Mais vous m'apprenez tous à suivre la vertu.
Ce n'est point à demi que mon cœur est rendu.

(*à Nemours.*)

Trop fortunés époux, oui, mon âme attendrie
Imite votre exemple, et chérit sa patrie.
Allez apprendre au roi, pour qui vous combattez,
Mon crime, mes remords, et vos félicités.
Allez : ainsi que vous je vais le reconnaître.
Sur nos remparts soumis amenez votre maître ;
Il est déjà le mien : nous allons à ses pieds
Abaisser sans regret nos fronts humiliés.
J'égalerai pour lui votre intrépide zèle :

Bon Français, meilleur frère, ami, sujet fidèle :
Es-tu content, Coucy ?

COUCY.

J'ai le prix de mes soins,
Et du sang des Bourbons je n'attendais pas moins.

FIN D'ADÉLAÏDE DU GUESCLIN.

ALZIRE,

ou

LES AMÉRICAINS,

TRAGÉDIE.

PERSONNAGES.

D. GUSMAN, gouverneur du Pérou.

D. ALVAREZ, père de Gusman, ancien gouverneur.

ZAMORE, souverain d'une partie du Potoze.

MONTÈZE, souverain d'une autre partie.

ALZIRE, fille de Montèze.

ÉMIRE,
CÉPHANE, } suivantes d'Alzire.

D. ALONZE, officier espagnol.

OFFICIERS ESPAGNOLS.

AMÉRICAINS.

(*La scène est dans la ville de Los Reyes, autrement Lima.*)

ALZIRE,

OU

LES AMÉRICAINS,

TRAGÉDIE.

ACTE PREMIER.

SCÈNE PREMIÈRE.

ALVAREZ, GUSMAN.

ALVAREZ.

Du conseil de Madrid l'autorité suprême
Pour successeur enfin me donne un fils que j'aime.
Faites régner le prince et le dieu que je sers
Sur la riche moitié d'un nouvel univers :
Gouvernez cette rive en malheurs trop féconde,
Qui produit les trésors et les crimes du monde.
Je vous remets, mon fils, ces honneurs souverains
Que la vieillesse arrache à mes débiles mains.
J'ai consumé mon âge au sein de l'Amérique ;
Je montrai le premier au peuple du Mexique [1]

---

[1] L'expédition du Mexique se fit en 1517, et celle du Pérou
en 1525. Ainsi Alvarez a pu aisément les voir. Los-Reyes,
lieu de la scène, fut bâti en 1535.

L'appareil inouï pour ces mortels nouveaux
De nos châteaux ailés qui volaient sur les eaux :
Des mers de Magellan jusqu'aux astres de l'Ourse
Les vainqueurs castillans ont dirigé ma course :
Heureux si j'avais pu, pour fruit de mes travaux,
En mortels vertueux changer tous ces héros !
Mais qui peut arrêter l'abus de la victoire ?
Leurs cruautés, mon fils, ont obscurci leur gloire [1],
Et j'ai pleuré long-temps sur ces tristes vainqueurs,
Que le Ciel fit si grands sans les rendre meilleurs.
Je touche au dernier pas de ma longue carrière ;
Et mes yeux sans regret quitteront la lumière,
S'ils vous ont vu régir sous d'équitables lois
L'empire du Potoze et la ville des rois.

GUSMAN.

J'ai conquis avec vous ce sauvage hémisphère,
Dans ces climats brûlans j'ai vaincu sous mon père ;
Je dois de vous encore apprendre à gouverner,
Et recevoir vos lois plutôt que d'en donner.

ALVAREZ.

Non, non, l'autorité ne veut point de partage :
Consumé de travaux, appesanti par l'âge,
Je suis las du pouvoir ; c'est assez si ma voix
Parle encore au conseil et règle vos exploits.
Croyez-moi, les humains, que j'ai trop su connaître,
Méritent peu, mon fils, qu'on veuille être leur maître.
Je consacre à mon Dieu, négligé trop long-temps,
De ma caducité les restes languissans.
Je ne veux qu'une grâce, elle me sera chère ;

[1] On sait quelles cruautés Fernand Cortez exerça au Mexique, et Pizare au Pérou.

Je l'attends comme ami, je la demande en père :
Mou fils, remettez-moi ces esclaves obscurs
Aujourd'hui par votre ordre arrêtés dans nos murs ;
Songez que ce grand jour doit être un jour propice,
Marqué par la clémence, et non par la justice.

GUSMAN.

Quand vous priez un fils, Seigneur, vous commandez[1] ;
Mais daignez voir au moins ce que vous hasardez.
D'une ville naissante encor mal assurée
Au peuple américain nous défendons l'entrée :
Empêchons, croyez-moi, que ce peuple orgueilleux
Au fer qui l'a dompté n'accoutume ses yeux ;
Que, méprisant nos lois, et prompt à les enfreindre,
Il ose contempler des maîtres qu'il doit craindre.
Il faut toujours qu'il tremble, et n'apprenne à nous voir
Qu'armés de la vengeance ainsi que du pouvoir.
L'Américain farouche est un monstre sauvage
Qui mord en frémissant le frein de l'esclavage ;
Soumis au châtiment, fier dans l'impunité,
De la main qui le flatte il se croit redouté.
Tout pouvoir, en un mot, périt par l'indulgence ;
Et la sévérité produit l'obéissance.
Je sais qu'aux Castillans il suffit de l'honneur,
Qu'à servir sans murmure ils mettent leur grandeur :
Mais le reste du monde, esclave de la crainte,
A besoin qu'on l'opprime, et sert avec contrainte :
Les dieux même adorés dans ces climats affreux,
S'ils ne sont teints de sang, n'obtiennent point de vœux.[1]

---

[1] On immolait quelquefois des hommes en Amérique ;
mais il n'y a presque aucun peuple qui n'ait été coupable
de cette horrible superstition.

ALVAREZ.

Ah! mon fils, que je hais ces rigueurs tyranniques !
Les pouvez-vous aimer ces forfaits politiques,
Vous, chrétien, vous choisi pour régner désormais
Sur des chrétiens nouveaux au nom d'un dieu de paix?
Vos yeux ne sont-ils pas assouvis des ravages
Qui de ce continent dépeuplent les rivages ?
Des bords de l'Orient n'étais-je donc venu
Dans un monde idolâtre, à l'Europe inconnu,
Que pour voir abhorrer sous ce brûlant tropique
Et le nom de l'Europe, et le nom catholique?
Ah! Dieu nous envoyait, quand de nous il fit choix,
Pour annoncer son nom, pour faire aimer ses lois :
Et nous, de ces climats destructeurs implacables,
Nous, et d'or et de sang toujours insatiables,
Déserteurs de ces lois qu'il fallait enseigner,
Nous égorgeons ce peuple au lieu de le gagner.
Par nous tout est en sang, par nous tout est en poudre,
Et nous n'avons du Ciel imité que la foudre.
Notre nom, je l'avoue, inspire la terreur;
Les Espagnols sont craints, mais ils sont en horreur :
Fléaux du nouveau monde, injustes, vains, avares,
Nous seuls en ces climats nous sommes les barbares.
L'Américain farouche en sa simplicité
Nous égale en courage, et nous passe en bonté.
Hélas! si comme vous il était sanguinaire,
S'il n'avait des vertus, vous n'auriez plus de père.
Avez-vous oublié qu'ils m'ont sauvé le jour?
Avez-vous oublié que près de ce séjour
Je me vis entouré par ce peuple en furie,
Rendu cruel enfin par notre barbarie?

Tous les miens à mes yeux terminèrent leur sort :
J'étais seul, sans secours, et j'attendais la mort ;
Mais à mon nom, mon fils, je vis tomber leurs armes ;
Un jeune Américain, les yeux baignés de larmes,
Au lieu de me frapper, embrassa mes genoux :
« Alvarez, me dit-il, Alvarez, est-ce vous ?
« Vivez ; votre vertu nous est trop nécessaire :
« Vivez ; aux malheureux servez long-temps de père ;
« Qu'un peuple de tyrans, qui veut nous enchaîner,
« Du moins par cet exemple apprenne à pardonner !
« Allez, la grandeur d'âme est ici le partage
« Du peuple infortuné qu'ils ont nommé sauvage. »
Eh bien ! vous gémissez ; je sens qu'à ce récit
Votre cœur malgré vous s'émeut et s'adoucit ;
L'humanité vous parle, ainsi que votre père.
Ah ! si la cruauté vous était toujours chère,
De quel front aujourd'hui pourriez-vous vous offrir
Au vertueux objet qu'il vous faut attendrir,
A la fille des rois de ces tristes contrées
Qu'à vos sanglantes mains la fortune a livrées ?
Prétendez-vous, mon fils, cimenter ces liens
Par le sang répandu de ses concitoyens ?
Ou bien attendez-vous que ses cris et ses larmes
De vos sévères mains fassent tomber les armes ?

GUSMAN.

Eh bien ! vous l'ordonnez, je brise leurs liens,
J'y consens ; mais songez qu'il faut qu'ils soient chrétiens ;
Ainsi le veut la loi : quitter l'idolâtrie
Est un titre en ces lieux pour mériter la vie.
A la religion gagnons-les à ce prix ;
Commandons aux cœurs même, et forçons les esprits :

De la nécessité le pouvoir invincible
Traîne au pied des autels un courage inflexible.
Je veux que ces mortels, esclaves de ma loi,
Tremblent sous un seul dieu comme sous un seul roi.

ALVAREZ.

Écoutez-moi, mon fils : plus que vous je désire
Qu'ici la vérité fonde un nouvel empire ;
Que le Ciel et l'Espagne y soient sans ennemis ;
Mais les cœurs opprimés ne sont jamais soumis.
J'en ai gagné plus d'un, je n'ai forcé personne ;
Et le vrai dieu, mon fils, est un dieu qui pardonne.

GUSMAN.

Je me rends donc, Seigneur, et vous l'avez voulu :
Vous avez sur un fils un pouvoir absolu ;
Oui vous amolliriez le cœur le plus farouche :
L'indulgente vertu parle par votre bouche.
Eh bien ! puisque le Ciel voulut vous accorder
Ce don, cet heureux don de tout persuader,
C'est de vous que j'attends le bonheur de ma vie.
Alzire, contre moi par mes feux enhardie,
Se donnant à regret, ne me rend point heureux :
Je l'aime, je l'avoue, et plus que je ne veux ;
Mais enfin je ne puis, même en voulant lui plaire,
De mon cœur trop altier fléchir le caractère,
Et, rampant sous ses lois, esclave d'un coup d'œil,
Par des soumissions caresser son orgueil.
Je ne veux point sur moi lui donner tant d'empire ;
Vous seul, vous pouvez tout sur le père d'Alzire :
En un mot parlez-lui pour la dernière fois ;
Qu'il commande à sa fille, et force enfin son choix.
Daignez... Mais c'en est trop, je rougis que mon père

Pour l'intérêt d'un fils s'abaisse à la prière.

ALVAREZ.

C'en est fait : j'ai parlé, mon fils, et sans rougir.
Montèze a vu sa fille, il l'aura su fléchir :
De sa famille auguste, en ces lieux prisonnière,
Le Ciel a par mes soins consolé la misère ;
Pour le vrai dieu Montèze a quitté ses faux dieux ;
Lui-même de sa fille a dessillé les yeux.
De tout ce nouveau monde Alzire est le modèle :
Les peuples incertains fixent les yeux sur elle ;
Son cœur aux Castillans va donner tous les cœurs ;
L'Amérique à genoux adoptera nos mœurs ;
La foi doit y jeter ses racines profondes :
Votre hymen est le nœud qui joindra les deux mondes.
Ces féroces humains, qui détestent nos lois,
Voyant entre vos bras la fille de leurs rois,
Vont d'un esprit moins fier et d'un cœur plus facile
Sous votre joug heureux baisser un front docile ;
Et je verrai, mon fils, grâce à ces doux liens,
Tous les cœurs désormais espagnols et chrétiens.
Montèze vient ici. Mon fils, allez m'attendre
Aux autels, où sa fille avec lui va se rendre.

SCÈNE II.

ALVAREZ, MONTÈZE.

ALVAREZ.

Eh bien ! votre sagesse et votre autorité
Ont d'Alzire en effet fléchi la volonté ?

MONTÈZE.

Père des malheureux, pardonne si ma fille,

Dont Gusman détruisit l'empire et la famille,
Semble éprouver encore un reste de terreur,
Et d'un pas chancelant marche vers son vainqueur.
Les nœuds qui vont unir l'Europe et ma patrie
Ont révolté ma fille, en ces climats nourrie;
Mais tous les préjugés s'effacent à ta voix:
Tes mœurs nous ont apris à révérer tes lois;
C'est par toi que le Ciel à nous s'est fait connaître;
Notre esprit éclairé te doit son nouvel être.
Sous le fer castillan ce monde est abattu;
Il cède à la puissance, et nous à la vertu.
De tes concitoyens la rage impitoyable
Aurait rendu comme eux leur dieu même haïssable:
Nous détestions ce dieu qu'annonça leur fureur;
Nous l'aimons dans toi seul, il s'est peint dans ton cœur.
Voilà ce qui te donne et Montèze et ma fille;
Instruits par tes vertus, nous sommes ta famille:
Sers-lui long-temps de père, ainsi qu'à nos états;
Je la donne à ton fils, je la mets dans ses bras;
Le Pérou, le Potoze, Alzire est sa conquête:
Va dans ton temple auguste en ordonner la fête;
Va; je crois voir des Cieux les peuples éternels
Descendre de leur sphère, et se joindre aux mortels.
Je réponds de ma fille, elle va reconnaître
Dans le fier don Gusman son époux et son maître.

ALVAREZ.

Ah! puisqu'enfin mes mains ont pu former ces nœuds,
Cher Montèze, au tombeau je descends trop heureux.
Toi, qui nous découvris ces immenses contrées,
Rends du monde aujourd'hui les bornes éclairées:
Dieu des chrétiens, préside à ces vœux solennels,

Les premiers qu'en ces lieux on forme à tes autels :
Descends, attire à toi l'Amérique étonnée.
Adieu : je vais presser cet heureux hyménée :
Adieu ; je vous devrai le bonheur de mon fils.

SCÈNE III.

MONTÈZE.

Dieu destructeur des dieux que j'avais trop servis,
Protége de mes ans la fin dure et funeste !
Tout me fut enlevé : ma fille ici me reste ;
Daigne veiller sur elle et conduire son cœur !

SCÈNE IV.

MONTÈZE, ALZIRE.

MONTÈZE.

Ma fille, il en est temps, consens à ton bonheur :
Ou plutôt, si ta foi, si ton cœur me seconde,
Par ta félicité fais le bonheur du monde ;
Protége les vaincus ; commande à nos vainqueurs ;
Éteins entre leurs mains leurs foudres destructeurs ;
Remonte au rang des rois du sein de la misère :
Tu dois à ton état plier ton caractère ;
Prends un cœur tout nouveau ; viens, obéis, suis-moi,
Et renais Espagnole, en renonçant à toi ;
Sèche tes pleurs, Alzire, ils outragent ton père.

ALZIRE.

Tout mon sang est à vous : mais, si je vous suis chère,
Voyez mon désespoir, et lisez dans mon cœur.

MONTÈZE.

Non, je ne veux plus voir ta honteuse douleur ;
J'ai reçu ta parole, il faut qu'on l'accomplisse.

ALZIRE.

Vous m'avez arraché cet affreux sacrifice.
Mais quel temps, justes Cieux, pour engager ma foi !
Voici ce jour horrible où tout périt pour moi,
Où de ce fier Gusman le fer osa détruire
Des enfans du soleil le redoutable empire :
Que ce jour est marqué par des signes affreux !

MONTÈZE.

Nous seuls rendons les jours heureux ou malheureux.
Quitte un vain préjugé, l'ouvrage de nos prêtres,
Qu'à nos peuples grossiers ont transmis nos ancêtres.

ALZIRE.

Au même jour, hélas ! le vengeur de l'état,
Zamore, mon espoir, périt dans le combat ;
Zamore, mon amant, choisi pour votre gendre !

MONTÈZE.

J'ai donné comme toi des larmes à sa cendre :
Les morts dans le tombeau n'exigent point de foi ;
Porte, porte aux autels un cœur maître de soi :
D'un amour insensé pour des cendres éteintes
Commande à ta vertu d'écarter les atteintes.
Tu dois ton âme entière à la loi des chrétiens ;
Dieu t'ordonne pour moi de former ces liens ;
Il t'appelle aux autels, il règle ta conduite ;
Entends sa voix.

ALZIRE.

Mon père, où m'avez-vous réduite :
Je sais ce qu'est un père et quel est son pouvoir ;

M'immoler quand il parle est mon premier devoir,
Et mon obéissance a passé les limites
Qu'à ce devoir sacré la nature a prescrites ;
Mes yeux n'ont jusqu'ici rien vu que par vos yeux ;
Mon cœur, changé par vous, abandonna ses dieux :
Je ne regrette point leurs grandeurs terrassées,
Devant ce dieu nouveau comme nous abaissées :
Mais vous, qui m'assuriez, dans mes troubles cruels,
Que la paix habitait au pied de ses autels,
Que sa loi, sa morale, et consolante et pure,
De mes sens désolés guérirait la blessure,
Vous trompiez ma faiblesse. Un trait toujours vainqueur
Dans le sein de ce dieu vient déchirer mon cœur ;
Il y porte une image à jamais renaissante ;
Zamore vit encore au cœur de son amante.
Condamnez, s'il le faut, ces justes sentimens,
Ce feu victorieux de la mort et du temps,
Cet amour immortel, ordonné par vous-même ;
Unissez votre fille au fier tyran qui l'aime ;
Mon pays le demande, il le faut, j'obéis :
Mais tremblez en formant ces nœuds mal assortis ;
Tremblez, vous qui d'un dieu m'annoncez la vengeance,
Vous qui me commandez d'aller en sa présence
Promettre à cet époux qu'on me donne aujourd'hui
Un cœur qui brûle encor pour un autre que lui.

MONTÈZE.

Ah ! que dis-tu, ma fille ? épargne ma vieillesse ;
Au nom de la nature, au nom de ma tendresse,
Par nos destins affreux que ta main peut changer,
Par ce cœur paternel que tu viens d'outrager,
Ne rends point de mes ans la fin trop douloureuse !

Ai-je fait un seul pas que pour te rendre heureuse?
Jouis de mes travaux; mais crains d'empoisonner
Ce bonheur difficile où j'ai su t'amener.
Ta carrière nouvelle, aujourd'hui commencée,
Par la main du devoir est à jamais tracée;
Ce monde gémissant te presse d'y courir:
Il n'espère qu'en toi; voudrais-tu le trahir?
Apprends à te dompter.

ALZIRE.

　　　　　　　　Faut-il apprendre à feindre?
Quelle science, hélas!

SCÈNE V.

GUSMAN, ALZIRE.

GUSMAN.

　　　　　　　J'ai sujet de me plaindre
Que l'on oppose encore à mes empressemens
L'offensante lenteur de ces retardemens.
J'ai suspendu ma loi, prête à punir l'audace
De tous ces ennemis dont vous vouliez la grâce;
Ils sont en liberté: mais j'aurais à rougir
Si ce faible service eût pu vous attendrir:
J'attendais encor moins de mon pouvoir suprême;
Je voulais vous devoir à ma flamme, à vous-même;
Et je ne pensais pas, dans mes vœux satisfaits,
Que ma félicité vous coûtât des regrets.

ALZIRE.

Que puisse seulement la colère céleste
Ne pas rendre ce jour à tous les deux funeste!
Vous voyez quel effroi me trouble et me confond:

Il parle dans mes yeux, il est peint sur mon front :
Tel est mon caractère, et jamais mon visage
N'a de mon cœur encor démenti le langage.
Qui peut se déguiser pourrait trahir sa foi;
C'est un art de l'Europe, il n'est pas fait pour moi.

GUSMAN.

Je vois votre franchise, et je sais que Zamore
Vit dans votre mémoire et vous est cher encore.
Ce cacique [1] obstiné, vaincu dans les combats,
S'arme encor contre moi de la nuit du trépas.
Vivant, je l'ai dompté; mort, doit-il être à craindre?
Cessez de m'offenser, et cessez de le plaindre;
Votre devoir, mon nom, mon cœur en sont blessés;
Et ce cœur est jaloux des pleurs que vous versez.

ALZIRE.

Ayez moins de colère et moins de jalousie;
Un rival au tombeau doit causer peu d'envie :
Je l'aimai, je l'avoue, et tel fut mon devoir :
De ce monde opprimé Zamore était l'espoir;
Sa foi me fut promise; il eut pour moi des charmes;
Il m'aima : son trépas me coûte encor des larmes.
Vous, loin d'oser ici condamner ma douleur,
Jugez de ma constance et connaissez mon cœur;
Et, quittant avec moi cette fierté cruelle,
Méritez, s'il se peut, un cœur aussi fidèle.

---

[1] Le mot propre est Inca : mais les Espagnols, accoutumés
dans l'Amérique septentrionale au titre de cacique, le
donnèrent d'abord à tous les souverains du nouveau monde.

SCÈNE VI.

GUSMAN.

Son orgueil, je l'avoue, et sa sincérité,
Étonne mon courage, et plaît à ma fierté.
Allons; ne souffrons pas que cette humeur altière
Coûte plus à dompter que l'Amérique entière.
La grossière nature, en formant ses appas,
Lui laisse un cœur sauvage et fait pour ces climats;
Le devoir fléchira son courage rebelle.
Ici tout est soumis, il ne reste plus qu'elle;
Que l'hymen en triomphe, et qu'on ne dise plus
Qu'un vainqueur et qu'un maître essuya des refus.

FIN DU PREMIER ACTE.

ACTE II.

SCÈNE PREMIÈRE.

ZAMORE, AMÉRICAINS.

ZAMORE.

Amis, de qui l'audace, aux mortels peu commune,
Renaît dans les dangers et croît dans l'infortune;
Illustres compagnons de mon funeste sort,
N'obtiendrons-nous jamais la vengeance ou la mort?
Vivrons-nous sans servir Alzire et la patrie,
Sans ôter à Gusman sa détestable vie,
Sans trouver, sans punir cet insolent vainqueur,
Sans venger mon pays qu'a perdu sa fureur?
Dieux impuissans! dieux vains de nos vastes contrées!
A des dieux ennemis vous les avez livrées;
Et six cents Espagnols ont détruit sous leurs coups
Mon pays et mon trône, et vos temples et vous:
Vous n'avez plus d'autels, et je n'ai plus d'empire,
Nous avons tout perdu: je suis privé d'Alzire.
J'ai porté mon courroux, ma honte, et mes regrets,
Dans les sables mouvans, dans le fond des forêts;
De la zone brûlante et du milieu du monde,
L'astre du jour ¹ a vu ma course vagabonde,

¹ L'astronomie, la géographie, la géométrie, étaient cultivées au Pérou. On traçait des lignes sur des colonnes pour marquer les équinoxes et les solstices.

Jusqu'aux lieux où, cessant d'éclairer les climats,
Il ramène l'année, et revient sur ses pas.
Enfin votre amitié, vos soins, votre vaillance
A mes vastes desseins ont rendu l'espérance ;
Et j'ai cru satisfaire, en cet affreux séjour,
Deux vertus de mon cœur, la vengeance et l'amour.
Nous avons rassemblé des mortels intrépides,
Éternels ennemis de nos maîtres avides ;
Nous les avons laissés dans ces forêts errans
Pour observer ces murs bâtis par nos tyrans.
J'arrive, on nous saisit ; une foule inhumaine
Dans des gouffres profonds nous plonge et nous enchaîne;
De ces lieux infernaux on nous laisse sortir
Sans que de notre sort on nous daigne avertir.
Amis, où sommes-nous ? ne pourra-t-on m'instruire
Qui commande en ces lieux, quel est le sort d'Alzire ?
Si Montèze est esclave, et voit encor le jour ?
S'il traîne ses malheurs en cette horrible cour ?
Chers et tristes amis du malheureux Zamore,
Ne pouvez-vous m'apprendre un destin que j'ignore?

UN AMÉRICAIN.

En des lieux différens, comme toi mis aux fers,
Conduits dans ce palais par des chemins divers,
Étrangers, inconnus chez ce peuple farouche,
Nous n'avons rien appris de tout ce qui te touche.
Cacique infortuné, digne d'un meilleur sort,
Du moins, si nos tyrans ont résolu ta mort,
Tes amis avec toi prêts à cesser de vivre,
Sont dignes de t'aimer et dignes de te suivre.

ZAMORE.

Après l'honneur de vaincre, il n'est rien sous les cieux

De plus grand en effet qu'un trépas glorieux :
Mais mourir dans l'opprobre et dans l'ignominie ;
Mais laisser en mourant des fers à sa patrie ;
Périr sans se venger ; expirer par les mains
De ces brigands d'Europe, et de ces assassins
Qui, de sang enivrés, de nos trésors avides,
De ce monde usurpé désolateurs perfides,
Ont osé me livrer à des tourmens honteux
Pour m'arracher des biens plus méprisables qu'eux ;
Entraîner au tombeau des citoyens qu'on aime ;
Laisser à ces tyrans la moité de soi-même ;
Abandonner Alzire à leur lâche fureur :
Cette mort est affreuse, et fait frémir d'horreur.

SCÈNE II

ALVAREZ, ZAMORE, AMÉRICAINS.

ALVAREZ.

Soyez libres, vivez.

ZAMORE.

Ciel ! que viens-je d'entendre ?
Quelle est cette vertu que je ne puis comprendre ?
Quel vieillard ou quel dieu vient ici m'étonner ?
Tu parais Espagnol, et tu sais pardonner !
Es-tu roi ? cette ville est-elle en ta puissance ?

ALVAREZ.

Non ; mais je puis au moins protéger l'innocence.

ZAMORE.

Quel est donc ton destin, vieillard trop généreux ?

ALVAREZ.

Celui de secourir les mortels malheureux.

ZAMORE.

Eh! qui peut t'inspirer cette auguste clémence?

ALVAREZ.

Dieu, ma religion, et la reconnaissance.

ZAMORE.

Dieu? ta religion? Quoi! ces tyrans cruels,
Monstres désaltérés dans le sang des mortels,
Qui dépeuplent la terre, et dont la barbarie
En vaste solitude a changé ma patrie,
Dont l'infâme avarice est la suprême loi!
Mon père, ils n'ont donc pas le même dieu que toi?

ALVAREZ.

Ils ont le même dieu, mon fils, mais ils l'outragent;
Nés sous la loi des saints, dans le crime ils s'engagent;
Ils ont tous abusé de leur nouveau pouvoir :
Tu connais leurs forfaits, mais connais mon devoir.
Le soleil par deux fois a d'un tropique à l'autre
Éclairé dans sa marche et ce monde et le nôtre,
Depuis que l'un des tiens, par un noble secours,
Maître de mon destin, daigna sauver mes jours :
Mon cœur dès ce moment partagea vos misères;
Tous vos concitoyens sont devenus mes frères,
Et je mourrais heureux si je pouvais trouver
Ce héros inconnu qui m'a pu conserver.

ZAMORE.

A ses traits, à son âge, à sa vertu suprême,
C'est lui, n'en doutons point, c'est Alvarez lui-même.
Pourrais-tu parmi nous reconnaître le bras
A qui le Ciel permit d'empêcher ton trépas?

ALVAREZ.

Que me dit-il? Approche. O Ciel! ô Providence!

C'esi lui! voilà l'objet de ma reconnaissance;
Mes yeux, mes tristes yeux, affaiblis par les ans,
Hélas! avez-vous pu le chercher si long-temps?

(*il l'embrasse.*)

Mon bienfaiteur! mon fils! parle, que dois-je faire?
Daigne habiter ces lieux, et je t'y sers de père:
La mort a respecté ces jours que je te doi,
Pour me donner le temps de m'acquitter vers toi.

ZAMORE.

Mon père, ah! si jamais ta nation cruelle
Avait de tes vertus montré quelque étincelle,
Crois-moi, cet univers, aujourd'hui désolé,
Au-devant de leur joug sans peine aurait volé;
Mais autant que ton âme est bienfaisante et pure,
Autant leur cruauté fait frémir la nature;
Et j'aime mieux périr que de vivre avec eux:
Tout ce que j'ose attendre et tout ce que je veux,
C'est de savoir au moins si leur main sanguinaire
Du malheureux Montèze a fini la misère;
Si le père d'Alzire... hélas! tu vois les pleurs
Qu'un souvenir trop cher arrache à mes douleurs.

ALVAREZ.

Ne cache point tes pleurs: cesse de t'en défendre;
C'est de l'humanité la marque la plus tendre:
Malheur aux cœurs ingrats, et nés pour les forfaits,
Que les douleurs d'autrui n'ont attendris jamais!
Apprends que ton ami, plein de gloire et d'années,
Coule ici près de moi ses douces destinées.

ZAMORE.

Le verrai-je?

ALVAREZ.

Oui ; crois-moi, puisse-t-il aujourd'hui
T'engager à penser, à vivre comme lui !

ZAMORE.

Quoi ! Montèze, dis-tu...

ALVAREZ.

Je veux que de sa bouche
Tu sois instruit ici de tout ce qui le touche,
Du sort qui nous unit, de ces heureux liens
Qui vont joindre mon peuple à tes concitoyens.
Je vais dire à mon fils, dans l'excès de ma joie,
Ce bonheur inouï que le Ciel nous envoie.
Je te quitte un moment, mais c'est pour te servir,
Et pour serrer les nœuds qui vont tous nous unir.

SCÈNE III.

ZAMORE, AMÉRICAINS.

ZAMORE.

Des Cieux enfin sur moi la bonté se déclare ;
Je trouve un homme juste en ce séjour barbare.
Alvarez est un dieu qui, parmi ces pervers,
Descend pour adoucir les mœurs de l'univers.
Il a, dit-il, un fils ; ce fils sera mon frère :
Qu'il soit digne, s'il peut, d'un si vertueux père !
O jour ! ô doux espoir à mon cœur éperdu !
Montèze, après trois ans, tu vas m'être rendu !
Alzire, chère Alzire, ô toi que j'ai servie :
Toi, pour qui j'ai tout fait ; toi, l'âme de ma vie ;
Serais-tu dans ces lieux ! hélas ! me gardes-tu
Cette fidélité, la première vertu ?

Un cœur infortuné n'est point sans défiance...
Mais quel autre vieillard à mes regards s'avance?

SCÈNE IV.

MONTÈZE, ZAMORE, américains.

ZAMORE.

Cher Montèze, est-ce toi que je tiens dans mes bras?
Revois ton cher Zamore, échappé du trépas,
Qui du sein du tombeau renaît pour te défendre;
Revois ton tendre ami, ton allié, ton gendre.
Alzire est-elle ici? parle, quel est son sort?
Achève de me rendre ou la vie ou la mort.

MONTÈZE.

Cacique malheureux! sur le bruit de ta perte,
Aux plus tendres regrets notre âme était ouverte:
Nous te redemandions à nos cruels destins,
Autour d'un vain tombeau que t'ont dressé nos mains:
Tu vis; puisse le Ciel te rendre un sort tranquille!
Puisse tous nos malheurs finir dans cet asile!
Zamore, ah! quel dessein t'a conduit en ces lieux?

ZAMORE.

La soif de me venger, toi, ta fille, et mes dieux.

MONTÈZE.

Que dis-tu?

ZAMORE.

Souviens-toi du jour épouvantable
Où ce fier Espagnol, terrible, invulnérable,
Renversa, détruisit, jusqu'en leurs fondemens,

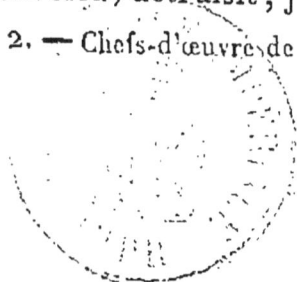

Ces murs que du soleil out bâti les enfans [1] ;
Gusman était son nom. Le destin qui m'opprime
Ne m'apprit rien de lui que son nom et son crime.
Ce nom, mon cher Montèze, à mon cœur si fatal,
Du pillage et du meurtre était l'affreux signal :
A ce nom, de mes bras on arracha ta fille ;
Dans un vil esclavage on traîna ta famille ;
On démolit ce temple, et ces autels chéris
Où nos dieux m'attendaient pour me nommer ton fils ;
On me traîna vers lui : dirai-je à quel supplice,
A quels maux me livra sa barbare avarice
Pour m'arracher ces biens par lui déifiés,
Idoles de son peuple, et que je foule aux pieds ?
Je fus laissé mourant au milieu des tortures.
Le temps ne peut jamais affaiblir les injures :
Je viens après trois ans d'assembler des amis,
Dans leur commune haine avec nous affermis ;
Ils sont dans nos forêts, et leur foule héroïque
Vient périr sous ces murs, ou venger l'Amérique.

MONTÈZE.

Je te plains ; mais, hélas ! où vas-tu t'emporter ?
Ne cherche point la mort qui voulait t'éviter.
Que peuvent tes amis, et leurs armes fragiles,
Des habitans des eaux dépouilles inutiles,
Ces marbres impuissans en sabres façonnés,
Ces soldats presque nus et mal disciplinés,
Contre ces fiers géans, ces tyrans de la terre,
De fer étincelans, armés de leur tonnerre,

---

[1] Les Péruviens, qui avaient leurs fables comme les peuples de notre continent, croyaient que leur premier inca, qui bâtit Cusco, était fils du soleil.

Qui s'élancent sur nous, aussi prompts que les vents,
Sur des monstres guerriers pour eux obéissans?
L'univers a cédé; cédons, mon cher Zamore.

ZAMORE.

Moi fléchir, moi ramper, lorsque je vis encore!
Ah! Montèze, crois-moi, ces foudres, ces éclairs,
Ce fer dont nos tyrans sont armés et couverts,
Ces rapides coursiers qui sous eux font la guerre,
Pouvaient à leur abord épouvanter la terre:
Je les vois d'un œil fixe, et leur ose insulter;
Pour les vaincre il suffit de ne rien redouter:
Leur nouveauté, qui seule a fait ce monde esclave,
Subjugue qui la craint, et cède à qui la brave.
L'or, ce poison brillant qui naît dans nos climats,
Attire ici l'Europe, et ne nous défend pas.
Le fer manque à nos mains; les Cieux, pour nous avares,
Ont fait ce don funeste à des mains plus barbares:
Mais pour venger enfin nos peuples abattus,
Le Ciel, au lieu de fer, nous donna des vertus.
Je combats pour Alzire, et je vaincrai pour elle.

MONTÈZE.

Le Ciel est contre toi; calme un frivole zèle.
Les temps sont trop changés.

ZAMORE.

                              Que peux-tu dire, hélas!
Les temps sont-ils changés, si ton cœur ne l'est pas,
Si ta fille est fidèle à ses vœux, à sa gloire,
Si Zamore est présent encore à sa mémoire?
Tu détournes les yeux, tu pleures, tu gémis!

MONTÈZE.

Zamore infortuné!

ZAMORE.

Ne suis-je plus ton fils ?
Nos tyrans ont flétri ton âme magnanime ;
Sur le bord de la tombe ils t'ont appris le crime.

MONTÈZE.

Je ne suis point coupable, et tous ces conquérans,
Ainsi que tu le crois, ne sont point des tyrans.
Il en est que le Ciel guida dans cet empire,
Moins pour nous conquérir qu'afin de nous instruire ;
Qui nous ont apporté de nouvelles vertus,
Des secrets immortels, et des arts inconnus,
La science de l'homme, un grand exemple à suivre,
Enfin l'art d'être heureux, de penser et de vivre.

ZAMORE.

Que dis-tu ? quelle horreur ta bouche ose avouer !
Alzire est leur esclave, et tu peux les louer ?

MONTÈZE.

Elle n'est point esclave.

ZAMORE.

Ah, Montèze ! ah, mon père !
Pardonne à mes malheurs, pardonne à ma colère.
Songe qu'elle est à moi par des nœuds éternels,
Oui, tu me l'as promise aux pieds des immortels ;
Ils ont reçu sa foi : son cœur n'est point parjure.

MONTÈZE.

N'atteste point ces dieux, enfans de l'imposture,
Ces fantômes affreux, que je ne connais plus ;
Sous le dieu que j'adore ils sont tous abattus.

ZAMORE.

Quoi, ta religion ? quoi, la loi de nos pères ?

MONTÈZE.

J'ai connu son néant, j'ai quitté ses chimères.
Puisse le dieu des dieux, dans ce monde ignoré,
Manifester son être à ton cœur éclairé !
Puisse-tu mieux connaître, ô malheureux Zamore,
Les vertus de l'Europe, et le dieu qu'elle adore !

ZAMORE.

Quelles vertus ! Cruel ! les tyrans de ces lieux
T'ont fait esclave en tout, t'ont arraché tes dieux.
Tu les as donc trahis pour trahir ta promesse ?
Alzire a-t-elle encore imité ta faiblesse ?
Garde-toi...

MONTÈZE.

Va, mon cœur ne se reproche rien :
Je dois bénir mon sort, et pleurer sur le tien.

ZAMORE.

Si tu trahis ta foi, tu dois pleurer sans doute.
Prends pitié des tourmens que ton crime me coûte ;
Prends pitié de ce cœur, enivré tour à tour
De zèle pour mes dieux, de vengeance et d'amour.
Je cherche ici Gusman ; j'y vole pour Alzire ;
Viens, conduis-moi vers elle, et qu'à ses pieds j'expire :
Ne me dérobe point le bonheur de la voir ;
Crains de porter Zamore au dernier désespoir :
Reprends un cœur humain, que ta vertu bannie...

SCÈNE V.

MONTÈZE, ZAMORE, AMÉRICAINS, GARDES.

UN GARDE, à Montèze.

Seigneur, on vous attend pour la cérémonie.

MONTÈZE.

Je vous suis.

ZAMORE.

Ah! cruel, je ne te quitte pas.
Quelle est donc cette pompe où s'adressent tes pas?
Montèze. .

MONTÈZE.

Adieu : crois-moi, fuis de ce lieu funeste.

ZAMORE.

Dût m'accabler ici la colère céleste,
Je te suivrai.

MONTÈZE.

Pardonne à mes soins paternels.

(*aux gardes.*)

Gardes, empêchez-les de me suivre aux autels.
Des païens, élevés dans des lois étrangères,
Pourraient de nos chrétiens profaner les mystères :
Il ne m'appartient pas de vous donner des lois;
Mais Gusman vous l'ordonne, et parle par ma voix.

SCÈNE VI.

ZAMORE, AMÉRICAINS.

ZAMORE.

Qu'ai-je entendu? Gusman! ô trahison! ô rage!
O comble des forfaits! lâche et dernier outrage!
Il servirait Gusman! l'ai-je bien entendu?
Dans l'univers entier n'est-il plus de vertu?
Alzire, Alzire aussi sera-t-elle coupable?
Aura-t-elle sucé ce poison détestable
Apporté parmi nous par ces persécuteurs

Qui poursuivent nos jours, et corrompent nos mœurs?
Gusman est donc ici? que résoudre, et que faire?

UN AMÉRICAIN.

J'ose ici te donner un conseil salutaire.
Celui qui t'a sauvé, ce vieillard vertueux,
Bientôt avec son fils va paraître à tes yeux.
Aux portes de la ville obtiens qu'on nous conduise :
Sortons, allons tenter notre illustre entreprise ;
Allons tout préparer contre nos ennemis,
Et surtout n'épargnons qu'Alvarez et son fils.
J'ai vu de ces remparts l'étrangère structure :
Cet art nouveau pour nous, vainqueur de la nature,
Ces angles, ces fossés, ces hardis boulevarts,
Ces tonnerres d'airain, grondant sur les remparts,
Ces piéges de la guerre, où la mort se présente,
Tout étonnans qu'ils sont, n'ont rien qui m'épouvante.
Hélas! nos citoyens, enchaînés en ces lieux,
Servent à cimenter cet asile odieux ;
Ils dressent, d'une main dans les fers avilie,
Ce siége de l'orgueil et de la tyrannie.
Mais, crois-moi, dans l'instant qu'ils verront leurs vengeurs,
Leurs mains vont se lever sur leurs persécuteurs ;
Eux-même ils détruiront cet effroyable ouvrage,
Instrument de leur honte et de leur esclavage.
Nos soldats, nos amis, dans ces fossés sanglans,
Vont te faire un chemin sur leurs corps expirans.
Partons, et revenons sur ces coupables têtes
Tourner ces traits de feu, ce fer, et ces tempêtes,
Ce salpêtre enflammé, qui d'abord à nos yeux
Parut un feu sacré lancé des mains des dieux.
Connaissons, renversons cette horrible puissance,

Que l'orgueil trop long-temps fonda sur l'ignorance.

ZAMORE.

Illustres malheureux ; que j'aime à voir vos cœurs
Embrasser mes desseins, et sentir mes fureurs !
Puissions-nous de Gusman punir la barbarie !
Que son sang satisfasse au sang de ma patrie !
Triste divinité des mortels offensés,
Vengeance, arme nos mains; qu'il meure, et c'est assez;
Qu'il meure...Mais, hélas! plus malheureux que braves,
Nous parlons de punir, et nous sommes esclaves.
De notre sort affreux le joug s'appesantit;
Alvarez disparaît, Montèze nous trahit.
Ce que j'aime est peut-être en des mains que j'abhorre;
Je n'ai d'autre douceur que d'en douter encore.
Mes amis, quels accens remplissent ce séjour?
Ces flambeaux allumés ont redoublé le jour.
J'entends l'airain tonnant de ce peuple barbare.
Quelle fête, ou quel crime est-ce donc qu'il prépare?
Voyons si de ces lieux on peut au moins sortir,
Si je puis vous sauver, ou s'il nous faut périr.

FIN DU SECOND ACTE.

ACTE III.

SCÈNE PREMIÈRE.

ALZIRE.

ALZIRE.

Manes de mon amant, j'ai donc trahi ma foi !
C'en est fait, et Gusman règne à jamais sur moi !
L'océan qui s'élève entre nos hémisphères,
A donc mis entre nous d'impuissantes barrières ;
Je suis à lui ; l'autel a donc reçu nos vœux !
Et déjà nos sermens sont écrits dans les cieux !
O toi qui me poursuis, ombre chère et sanglante,
A mes sens désolés ombre à jamais présente,
Cher amant, si mes pleurs, mon trouble, mes remords
Peuvent percer ta tombe et passer chez les morts,
Si le pouvoir d'un dieu fait survivre à sa cendre
Cet esprit d'un héros, ce cœur fidèle et tendre,
Cette âme qui m'aima jusqu'au dernier soupir,
Pardonne à cet hymen où j'ai pu consentir !
Il fallait m'immoler aux volontés d'un père,
Au bien de mes sujets, dont je me sens la mère,
A tant de malheureux, aux larmes des vaincus,
Au soin de l'univers, hélas ! où tu n'es plus.
Zamore, laisse en paix mon âme déchirée
Suivre l'affreux devoir où les Cieux m'ont livrée ;

Souffre un joug imposé par la nécessité;
Permets ces nœuds cruels, ils m'ont assez coûté.

SCÈNE II.

ALZIRE, ÉMIRE.

ALZIRE.

Eh bien, veut-on toujours ravir à ma présence
Les habitans des lieux si chers à mon enfance?
Ne puis-je voir enfin ces captifs malheureux,
Et goûter la douceur de pleurer avec eux?

ÉMIRE.

Ah! plutôt de Gusman redoutez la furie;
Craignez pour ces captifs, tremblez pour la patrie.
On nous menace, on dit qu'à notre nation
Ce jour sera le jour de la destruction.
On déploie aujourd'hui l'étendard de la guerre;
On allume ses feux enfermés sous la terre;
On assemblait déjà le sanglant tribunal;
Montèze est appelé dans ce conseil fatal :
C'est tout ce que j'ai su.

ALZIRE.

Ciel! qui m'avez trompée,
De quel étonnement je demeure frappée!
Quoi, presque dans mes bras, et du pied de l'autel,
Gusman contre les miens lève son bras cruel!
Quoi! j'ai fait le serment du malheur de ma vie!
Serment, qui pour jamais m'avez assujettie!
Hymen, cruel hymen! sous quel astre odieux
Mon père a-t-il formé tes redoutables nœuds!

SCÈNE III.

ALZIRE, ÉMIRE, CÉPHANE.

CÉPHANE.

Madame, un des captifs qui dans cette journée
N'ont dû leur liberté qu'à ce grand hyménée,
A vos pieds en secret demande à se jeter.

ALZIRE.

Ah! qu'avec assurance il peut se présenter!
Sur lui, sur ses amis, mon âme est attendrie;
Ils sont chers à mes yeux, j'aime en eux la patrie.
Mais quoi! faut-il qu'un seul demande à me parler!

CÉPHANE.

Il a quelque secret qu'il veut vous révéler.
C'est le même guerrier dont la main tutélaire
De Gusman, votre époux, sauva, dit-on, le père.

ÉMIRE.

Il vous cherchait, Madame, et Montèze en ces lieux
Par des ordres secrets le cachait à vos yeux.
Dans un sombre chagrin son âme enveloppée
Semblait d'un grand dessein profondément frappée.

CÉPHANE.

On lisait sur son front le trouble et les douleurs:
Il vous nommait, Madame, et répandait des pleurs;
Et l'on connaît assez, par ses plaintes secrètes,
Qu'il ignore le rang et l'éclat où vous êtes.

ALZIRE.

Quel éclat, chère Émire! et quel indigne rang!
Ce héros malheureux peut-être est de mon sang;
De ma famille au moins il a vu la puissance;

Peut-être de Zamore il avait connaissance.
Qui sait si de sa perte il ne fut pas témoin ?
Il vient pour m'en parler : ah ! quel funeste soin !
Sa voix redoublera les tourmens que j'endure ;
Il va percer mon cœur et rouvrir ma blessure.
Mais n'importe, qu'il vienne. Un mouvement confus
S'empare malgré moi de mes sens éperdus.
Hélas ! dans ce palais arrosé de mes larmes,
Je n'ai point encore eu de momens sans alarmes.

SCÈNE IV.

ALZIRE, ZAMORE, ÉMIRE.

ZAMORE.

M'est-elle enfin rendue ? est-ce elle que je vois ?

ALZIRE.

Ciel ! tels étaient ses traits, sa démarche, sa voix.
   (*Elle tombe entre les bras de sa confidente.*)
Zamore..... Je succombe ; à peine je respire.

ZAMORE.

Reconnais ton amant.

ALZIRE.

          Zamore aux pieds d'Alzire !
Est-ce une illusion ?

ZAMORE.

          Non : je revis pour toi ;
je réclame à tes pieds tes sermens et ta foi.
O moitié de moi-même ! idole de mon âme !
Toi qu'un amour si tendre assurait à ma flamme,
Qu'as-tu fait des saints nœuds qui nous ont enchaînés ?

ALZIRE.

O jours, ô doux momens d'horreur empoisonnés !
Cher et fatal objet de douleur et de joie !
Ah ! Zamore, en quel temps faut-il que je te voie ?
Chaque mot dans mon cœur enfonce le poignard.

ZAMORE.

Tu gémis, et me vois !

ALZIRE.

Je t'ai revu trop tard.

ZAMORE.

Le bruit de mon trépas a dû remplir le monde.
J'ai traîné loin de toi ma course vagabonde,
Depuis que ces brigands, t'arrachant à mes bras,
M'enlevèrent mes dieux, mon trône, et tes appas.
Sais-tu que ce Gusman, ce destructeur sauvage,
Par des tourmens sans nombre éprouva mon courage?
Sais-tu que ton amant, à ton lit destiné,
Chère Alzire aux bourreaux se vit abandonné ?
Tu frémis ; tu ressens le courroux qui m'enflamme ;
L'horreur de cette injure a passé dans ton âme.
Un dieu, sans doute, un dieu qui préside à l'amour,
Dans le sein du trépas me conserva le jour.
Tu n'as point démenti ce grand dieu qui me guide ;
Tu n'es point devenue Espagnole et perfide.
On dit que ce Gusman respire dans ces lieux ;
Je venais t'arracher à ce monstre odieux.
Tu m'aimes : vengeons-nous ; livre-moi la victime.

ALZIRE.

Oui, tu dois te venger, tu dois punir le crime :
Frappe.

ZAMORE.

Que me dis-tu ? Quoi, tes veux ! quoi, ta foi !

ALZIRE.

Frappe, je suis indigne et du jour et de toi.

ZAMORE.

Ah ! Montèze ! ah ! cruel ! mon cœur n'a pu te croire.

ALZIRE.

A-t-il osé t'apprendre une action si noire ?
Sais-tu pour quel époux j'ai pu t'abandonner ?

ZAMORE.

Non, mais parle : aujourd'hui rien ne peut m'étonne

ALZIRE.

Eh bien ! vois donc l'abîme où le sort nous engag
Vois le comble du crime ainsi que de l'outrage.

ZAMORE.

Alzire !

ALZIRE.

Ce Gusman...

ZAMORE.

Grand Dieu !

ALZIRE.

Ton assassin,
Vient en ce même instant de recevoir ma main.

ZAMORE.

Lui ?

ALZIRE.

Mon père, Alvarez, ont trompé ma jeune
Ils ont à cet hymen entraîné ma faiblesse.
Ta criminelle amante aux autels des chrétiens
Vient, presque sous tes yeux, de former ces li
J'ai tout quitté, mes dieux, mon amant, ma pa

Au nom de tous les trois arrache-moi la vie;
Voilà mon cœur, il vole au-devant de tes coups.

ZAMORE.

Alzire, est-il bien vrai? Gusman est ton époux!

ALZIRE.

Je pourrais t'alléguer, pour affaiblir mon crime,
De mon père sur moi le pouvoir légitime,
L'erreur où nous étions, mes regrets, mes combats,
Les pleurs que j'ai trois ans donnés à ton trépas;
Que, des chrétiens vainqueurs esclave infortunée,
La douleur de ta perte à leur dieu m'a donnée;
Que je t'aimai toujours, que mon cœur éperdu
A détesté tes dieux, qui t'ont mal défendu:
Mais je ne cherche point, je ne veux point d'excuse;
Il n'en est point pour moi, lorsque l'amour m'accuse.
Tu vis, il me suffit. Je t'ai manqué de foi;
Tranche mes jours affreux, qui ne sont plus pour toi.
Quoi! tu ne me vois point d'un œil impitoyable?

ZAMORE.

Non, si je suis aimé, non, tu n'es point coupable:
Puis-je encor me flatter de régner dans ton cœur?

ALZIRE.

Quand Montèze, Alvarez, peut-être un dieu vengeur,
Nos chrétiens, ma faiblesse, au temple m'ont conduite,
Sûre de ton trépas, à cet hymen réduite,
Enchaînée à Gusman par des nœuds éternels,
J'adorais ta mémoire au pied de nos autels.
Nos peuples, nos tyrans, tous ont su que je t'aime;
Je l'ai dit à la terre, au ciel, à Gusman même;
Et dans l'affreux moment, Zamore, où je te vois,
Je te le dis encor pour la dernière fois.

ZAMORE.

Pour la dernière fois Zamore t'aurait vue !
Tu me serais ravie aussitôt que rendue !
Ah ! si l'amour encor te parlait aujourd'hui !....

ALZIRE.

O Ciel ! c'est Gusman même, et son père avec lui.

SCÈNE V.

ALVAREZ, GUSMAN, ZAMORE, ALZIRE, suite.

ALVAREZ, *à son fils.*

Tu vois mon bienfaiteur, il est auprès d'Alzire.

(*à Zamore.*)

O toi ! jeune héros ! toi, par qui je respire,
Viens, ajoute à ma joie en cet auguste jour;
Viens avec mon cher fils partager mon amour.

ZAMORE.

Qu'entends-je ! lui, Gusman ! lui, ton fils ! ce barbare !

ALZIRE.

Ciel ! détourne les coups que ce moment prépare.

ALVAREZ.

Dans quel étonnement...

ZAMORE.

　　　　　　　　Quoi ! le Ciel a permis
Que ce vertueux père eût cet indigne fils ?

GUSMAN.

Esclave, d'où te vient cette aveugle furie ?
Sais-tu bien qui je suis ?

ZAMORE.

　　　　　　　　Horreur de ma patrie !

Parmi les malheureux que ton pouvoir a faits,
Connais-tu bien Zamore, et vois-tu tes forfaits ?

GUSMAN.

Toi !

ALVAREZ.

Zamore !

ZAMORE.

Oui, lui-même, à qui ta barbarie
Voulut ôter l'honneur, et crut ôter la vie ;
Lui, que tu fis languir dans des tourmens honteux,
Lui, dont l'aspect ici te fait baisser les yeux.
Ravisseur de nos biens, tyran de notre empire,
Tu viens de m'arracher le seul bien où j'aspire.
Achève, et de ce fer, trésor de tes climats,
Préviens mon bras vengeur, et préviens ton trépas.
La main, la même main qui t'a rendu ton père,
Dans ton sang odieux pourrait venger la terre [1] ;
Et j'aurais les mortels et les dieux pour amis,
En révérant le père, et punissant le fils.

ALVAREZ, à Gusman.

De ce discours, ô Ciel ! que je me sens confondre !
Vous sentez-vous coupable, et pouvez-vous répondre ?

---

[1] *Père* doit rimer avec *terre*, parce qu'on les prononce tous deux de même. C'est aux oreilles et non pas aux yeux qu'il faut rimer. Cela est si vrai, que le mot *paon* n'a jamais rimé avec *phaon*, quoique l'orthographe soit la même ; et le mot *encore* rime très bien avec *abhorre*, quoiqu'il n'y ait qu'un *r* à l'un et qu'il y en ait deux à l'autre. La rime est faite pour l'oreille : un usage contraire ne serait qu'une pédanterie ridicule et déraisonnable.

GUSMAN.

Répondre à ce rebelle, et daiguer m'avilir
Jusqu'à le réfuter, quand je le dois punir !
Son juste châtiment, que lui-même il prononce,
Sans mon respect pour vous eût été ma réponse.

(*à Alzire.*)

Madame, votre cœur doit vous instruire assez
A quel point en secret ici vous m'offensez ;
Vous qui, sinon pour moi, du moins pour votre gloire
Deviez de cet esclave étouffer la mémoire ;
Vous, dont les pleurs encore outragent votre époux ;
Vous, que j'aimais assez pour en être jaloux.

ALZIRE.

(*à Gusman.*)   (*à Alvarez.*)

Cruel ! Et vous, Seigneur ! mon protecteur, son père ;

(*à Zamore.*)

Toi, jadis mon espoir en un temps plus prospère,
Voyez le joug horrible où mon sort est lié,
Et frémissez tous trois d'horreur et de pitié.

(*en montrant Zamore.*)

Voici l'amant, l'époux que me choisit mon père,
Avant que je connusse un nouvel hémisphère ;
Avant que de l'Europe on nous portât des fers.
Le bruit de son trépas perdit cet univers.
Je vis tomber l'empire où régnaient mes ancêtres ;
Tout changea sur la terre, et je connus des maîtres.
Mon père infortuné, plein d'ennuis et de jours,
Au dieu que vous servez eut à la fin recours :
C'est ce dieu des chrétiens, que devant vous j'atteste :
Ses autels sont témoins de mon hymen funeste,
C'est aux pieds de ce dieu qu'un horrible serment

Me donne au meurtrier qui m'ôta mon amant.
Je connais mal peut-être une loi si nouvelle ;
Mais j'en crois ma vertu, qui parle aussi haut qu'elle.
Zamore, tu m'es cher, je t'aime, je le doi ;
Mais après mes sermens je ne puis être à toi.
Toi, Gusman, dont je suis l'épouse et la victime,
Je ne suis point à toi, cruel, après ton crime.
Qui des deux osera se venger aujourd'hui ?
Qui percera ce cœur que l'on arrache à lui ?
Toujours infortunée et toujours criminelle,
Perfide envers Zamore, à Gusman infidèle,
Qui me délivrera, par un trépas heureux,
De la nécessité de vous trahir tous deux ?
Gusman, du sang des miens ta main déjà rougie,
Frémira moins qu'une autre à m'arracher la vie.
De l'hymen, de l'amour il faut venger les droits,
Punis une coupable, et sois juste une fois.

GUSMAN.

Ainsi vous abusez d'un reste d'indulgence
Que ma bonté trahie oppose à votre offense :
Mais vous le demandez, et je vais vous punir ;
Votre supplice est prêt, mon rival va périr.
Holà, soldats.

ALZIRE.

  Cruel !

ALVAREZ.

     Mon fils, qu'allez-vous faire ?
Respectez ses bienfaits, respectez sa misère.
Quel est l'état horrible, ô Ciel, où je me vois !
L'un tient de moi la vie, à l'autre je la dois !
Ah ! mon fils, de ce nom ressentez la tendresse ;

D'un père infortuné regardez la vieillesse ;
Et du moins...

SCÈNE VI.

ALVAREZ, GUSMAN, ALZIRE, ZAMORE, D. ALONZE.

ALONZE.

Paraissez, Seigneur, et commandez :
D'armes et d'ennemis ces champs sont inondés ;
Ils marchent vers ces murs, et le nom de Zamore
Est le cri menaçant qui les rassemble encore ;
Ce nom sacré pour eux se mêle dans les airs
A ce bruit belliqueux des barbares concerts ;
Sous leurs boucliers d'or les campagnes mugissent ;
De leurs cris redoublés les échos retentissent ;
En bataillons serrés ils mesurent leurs pas
Dans un ordre nouveau qu'ils ne connaissaient pas ;
Et ce peuple, autrefois vil fardeau de la terre,
Semble apprendre de nous le grand art de la guerre.

GUSMAN.

Allons, à leurs regards il faut donc se montrer ;
Dans la poudre à l'instant vous les verrez rentrer.
Héros de la Castille, enfans de la victoire,
Ce monde est fait pour vous ; vous l'êtes pour la gloire,
Eux pour porter vos fers, vous craindre et vous servir.

ZAMORE.

Mortel égal à moi, nous, faits pour obéir ?

GUSMAN.

Qu'on l'entraîne.

ZAMORE.

Oses-tu, tyran de l'innocence,
Oses-tu me punir d'une juste défense?
(*aux Espagnols qui l'entourent.*)
Êtes-vous donc des dieux qu'on ne puisse attaquer?
Et, teints de notre sang, faut-il vous invoquer?

GUSMAN.

Obéissez.

ALZIRE.

Seigneur!

ALVAREZ.

Dans ton courroux sévère,
Songe au moins, mon cher fils, qu'il a sauvé ton père.

GUSMAN.

Seigneur, je songe à vaincre, et je l'appris de vous;
J'y vole : adieu.

SCÈNE VII.

ALVAREZ, ALZIRE.

ALZIRE, *se jetant à genoux.*

Seigneur, j'embrasse vos genoux;
C'est à votre vertu que je rends cet hommage,
Le premier où le sort abaissa mon courage.
Vengez, Seigneur, vengez sur ce cœur affligé
L'honneur de votre fils par sa femme outragé.
Mais à mes premiers nœuds mon âme était unie,
Hélas! peut-on deux fois se donner dans sa vie?
Zamore était à moi, Zamore eut mon amour :
Zamore est vertueux; vous lui devez le jour.
Pardonnez... je succombe à ma douleur mortelle.

ALVAREZ.

Je conserve pour toi ma bonté paternelle,
Je plains Zamore et toi; je serai ton appui:
Mais songe au nœud sacré qui t'attache aujourd'hui ;
Ne porte point l'horreur au sein de ma famille :
Non, tu n'es plus à toi ; sois mon sang, sois ma fille :
Gusman fut inhumain, je le sais, j'en frémis ;
Mais il est ton époux, il t'aime, il est mon fils :
Son âme à la pitié se peut ouvrir encore.

ALZIRE.

Hélas, que n'êtes-vous le père de Zamore?

FIN DU TROISIÈME ACTE.

ACTE IV.

SCÈNE PREMIÈRE.

ALVAREZ, GUSMAN.

ALVAREZ.

Méritez donc, mon fils, un si grand avantage.
Vous avez triomphé du nombre et du courage ;
Et de tous les vengeurs de ce triste univers
Une moitié n'est plus, et l'autre est dans vos fers.
Ah ! n'ensanglantez point le prix de la victoire,
Mon fils, que la clémence ajoute à votre gloire.
Je vais, sur les vaincus étendant mes secours,
Consoler leur misère et veiller sur leurs jours.
Vous, songez cependant qu'un père vous implore ;
Soyez homme et chrétien, pardonnez à Zamore.
Ne pourrai-je adoucir vos inflexibles mœurs ?
Et n'apprendrez-vous point à conquérir des cœurs ?

GUSMAN.

Ah ! vous percez le mien. Demandez-moi la vie ;
Mais laissez un champ libre à ma juste furie ;
Ménagez le courroux de mon cœur opprimé.
Comment lui pardonner ? le barbare est aimé.

ALVAREZ.

Il en est plus à plaindre.

GUSMAN.

A plaindre ? lui, mon père !
Ah ! qu'on me plaigne ainsi, la mort me sera chère.

ALVAREZ.

Quoi! vous joignez encore à cet ardent courroux
La fureur des soupçons, ce tourment des jaloux?

GUSMAN.

Et vous condamneriez jusqu'à ma jalousie?
Quoi! ce juste transport dont mon âme est saisie,
Ce triste sentiment plein de honte et d'horreur,
Si légitime en moi, trouve en vous un censeur!
Vous voyez sans pitié ma douleur effrénée!

ALVAREZ.

Mêlez moins d'amertume à votre destinée:
Alzire a des vertus, et loin de les aigrir,
Par des dehors plus doux vous devez l'attendrir.
Son cœur de ces climats conserve la rudesse;
Il résiste à la force, il cède à la souplesse;
Et la douceur peut tout sur notre volonté.

GUSMAN.

Moi, que je flatte encor l'orgueil de sa beauté!
Que sous un front serein déguisant mon outrage,
A de nouveaux mépris ma honte l'encourage?
Ne devriez-vous pas, de mon honneur jaloux,
Au lieu de le blâmer partager mon courroux?
J'ai déjà trop rougi d'épouser une esclave,
Qui m'ose dédaigner, qui me hait, qui me brave,
Dont un autre à mes yeux possède encor le cœur,
Et que j'aime, en un mot, pour comble de malheur.

ALVAREZ.

Ne vous repentez point d'un amour légitime;
Mais sachez le régler : tout excès mène au crime.
Promettez-moi du moins de ne décider rien
Avant de m'accorder un second entretien.

GUSMAN.

Eh ! que pourrait un fils refuser à son père?
Je veux bien pour un temps suspendre ma colère;
N'en exigez pas plus de mon cœur outragé.

ALVAREZ.

Je ne veux que du temps.

(*il sort*)

GUSMAN.

Quoi! n'être point vengé?
Aimer, me repentir, être réduit encore
A l'horreur d'envier le destin de Zamore,
D'un de ces vils mortels en l'Europe ignorés,
Qu'à peine du nom d'homme on aurait honorés...
Que vois-je! Alzire! ô Ciel!

SCÈNE II.

GUSMAN, ALZIRE, ÉMIRE.

ALZIRE.

C'est moi, c'est ton épouse;
C'est ce fatal objet de ta fureur jalouse,
Qui n'a pu te chérir, qui t'a dû révérer,
Qui te plaint, qui t'outrage, et qui vient t'implorer.
Je n'ai rien déguisé. Soit grandeur, soit faiblesse,
Ma bouche a fait l'aveu qu'un autre a ma tendresse;
Et ma sincérité, trop funeste vertu,
Si mon amant périt, est ce qui l'a perdu.
Je vais plus t'étonner : ton épouse a l'audace
De s'adresser à toi pour demander sa grâce.
J'ai cru que don Gusman, tout fier, tout rigoureux,
Tout terrible qu'il est, doit être généreux.

J'ai pensé qu'un guerrier, jaloux de sa puissance,
Peut mettre l'orgueil même à pardonner l'offensé :
Une telle vertu séduirait plus nos cœurs
Que tout l'or de ces lieux n'éblouit nos vainqueurs.
Par ce grand changement dans ton âme inhumaine,
Par un effort si beau, tu vas changer la mienne;
Tu t'assures ma foi, mon respect, mon retour,
Tous mes vœux(s'il en est qui tiennent lieu d'amour).
Pardonne.... je m'égare.... éprouve mon courage.
Peut-être une Espagnole eût promis davantage,
Elle eût pu prodiguer le charme de ses pleurs;
Je n'ai point leurs attraits, et je n'ai point leurs mœurs;
Ce cœur simple et formé des mains de la nature,
En voulant t'adoucir redoublé ton injure :
Mais enfin c'est à toi d'essayer désormais
Sur ce cœur indompté la force des bienfaits.

GUSMAN.

Eh bien! si les vertus peuvent tant sur votre âme,
Pour en suivre les lois, connaissez-les, Madame.
Étudiez nos mœurs avant de les blâmer;
Ces mœurs sont vos devoirs; il faut s'y conformer.
Sachez que le premier est d'étouffer l'idée
Dont votre âme à mes yeux est encor possédée;
De vous respecter plus, et de n'oser jamais
Me prononcer le nom d'un rival que je hais;
D'en rougir la première, et d'attendre en silence
Ce que doit d'un barbare ordonner ma vengeance.]
Sachez que votre époux, qu'ont outragé vos feux,
S'il peut vous pardonner est assez généreux.
Plus que vous ne pensez je porte un cœur sensible;
Et ce n'est pas à vous à me croire inflexible.

SCÈNE III.

ALZIRE, ÉMIRE.

ÉMIRE.

Vous voyez qu'il vous aime; on pourrait l'attendrir.

ALZIRE.

S'il m'aime, il est jaloux : Zamore va périr;
J'assassinais Zamore en demandant sa vie.
Ah! je l'avais prévu. M'auras-tu mieux servie?
Pourras-tu le sauver ? Vivra-t-il loin de moi?
Du soldat qui le garde as tu tenté la foi?

ÉMIRE.

L'or, qui les séduit tous, vient d'éblouir sa vue :
Sa foi, n'en doutez point, sa main vous est vendue.

ALZIRE.

Ainsi, grâces aux cieux, ces métaux détestés
Ne servent pas toujours à nos calamités.
Ah! ne perds point de temps : tu balances encore ?

ÉMIRE.

Mais aurait-on juré la perte de Zamore?
Alvarez aurait-il assez peu de crédit?
Et le conseil enfin...

ALZIRE.

Je crains tout : il suffit.
Tu vois de ces tyrans la fureur despotique;
Ils pensent que pour eux le Ciel fit l'Amérique,
Qu'ils en sont nés les rois; et Zamore à leurs yeux,
Tout souverain qu'il fut, n'est qu'un séditieux.
Conseil des meurtriers! Gusman! peuple barbare!
Je préviendrai les coups que votre main prépare.

Ce soldat ne vient point; qu'il tarde à m'obéir !

ÉMIRE.

Madame, avec Zamore il va bientôt venir ;
Il court à la prison. Déjà la nuit plus sombre
Couvre ce grand dessein du secret de son ombre.
Fatigués de carnage et de sang enivrés,
Les tyrans de la terre au sommeil sont livrés.

ALZIRE.

Allons, que ce soldat nous conduise à la porte;
Qu'on ouvre la prison, que l'innocence en sorte.

ÉMIRE.

Il vous prévient déjà; Céphane le conduit.
Mais si l'on vous rencontre en cette obscure nuit,
Votre gloire est perdue, et cette honte extrême.....

ALZIRE.

Va, la honte serait de trahir ce que j'aime.
Cet honneur étranger, parmi nous inconnu,
N'est qu'un fantôme vain qu'on prend pour la vertu :
C'est l'amour de la gloire, et non de la justice,
La crainte du reproche, et non celle du vice.
Je fus instruite, Émire, en ce grossier climat,
A suivre la vertu sans en chercher l'éclat.
L'honneur est dans mon cœur, et c'est lui qui m'ordonn
De sauver un héros que le Ciel abandonne.

SCÈNE IV.

ALZIRE, ZAMORE; ÉMIRE, UN SOLDAT.

ALZIRE.

Tout est perdu pour toi, tes tyrans sont vainqueurs:
Ton supplice est tout prêt; si tu ne fuis, tu meurs.

Pars, ne perds point de temps; prends ce soldat pour guide.
Trompons des meurtriers l'espérance homicide;
Tu vois mon désespoir et mon saisissement;
C'est à toi d'épargner la mort à mon amant,
Un crime à mon époux, et des larmes au monde.
L'Amérique t'appelle, et la nuit te seconde;
Prends pitié de ton sort, et laisse-moi le mien.

ZAMORE.

Esclave d'un barbare, épouse d'un chrétien,
Toi qui m'as tant aimé, tu m'ordonnes de vivre!
Eh bien! j'obéirai: mais oses-tu me suivre?
Sans trône, sans secours, au comble du malheur,
Je n'ai plus à t'offrir qu'un désert et mon cœur:
Autrefois à tes pieds j'ai mis un diadème.

ALZIRE.

Ah! qu'était-il sans toi? qu'ai-je aimé que toi-même?
Et qu'est-ce auprès de toi que ce vil univers?
Mon âme va te suivre au fond de tes déserts;
Je vais seule en ces lieux, où l'horreur me consume,
Languir dans les regrets, sécher dans l'amertume,
Mourir dans le remords d'avoir trahi ma foi,
D'être au pouvoir d'un autre, et de brûler pour toi.
Pars, emporte avec toi mon bonheur et ma vie;
Laisse-moi les horreurs du devoir qui me lie.
J'ai mon amant ensemble et ma gloire à sauver!
Tous deux me sont sacrés; je les veux conserver.

ZAMORE.

Ta gloire! Quelle est donc cette gloire inconnue?
Quel fantôme d'Europe a fasciné ta vue?
Quoi! ces affreux sermens, qu'on vient de te dict*
Quoi! ce temple chrétien, que tu dois détes*

Ce dieu , ce destructeur des dieux de mes ancétres ,
T'arrachent à Zamore et te donnent des maîtres ?

ALZIRE.

J'ai promis, il suffit; il n'importe à quel dieu.

ZAMORE.

Ta promessse est un crime; elle est ma perte; adieu.
Périssent tes sermens, et ton dieu, que j'abhorre !

ALZIRE.

Arrête : quels adieux ! arrête, cher Zamore !

ZAMORE.

Gusman est ton époux !

ALZIRE.

              Plains-moi, sans m'outrager.

ZAMORE.

Songe à nos premiers nœuds.

ALZIRE.

                        Je songe à ton danger.

ZAMORE.

Non, tu trahis, cruelle, un feu si légitime.

ALZIRE.

Non, je t'aime à jamais ; et c'est un nouveau crime.
Laisse-moi mourir seule : ôte-toi de ces lieux.
Quel désespoir horrible étincelle en tes yeux ?
Zamore...

ZAMORE.

        C'en est fait.

ALZIRE.

              Où vas-tu?

ZAMORE.

                        Mon courage
‘ e liberté va faire un digne usage.

ALZIRE.

Tu n'en saurais douter, je péris si tu meurs.

ZAMORE.

Peux-tu mêler l'amour à ces momens d'horreurs?
Laisse-moi, l'heure fuit, le jour vient, le temps presse:
Soldat, guide mes pas.

SCÈNE V.

ALZIRE, ÉMIRE.

ALZIRE.

             Je succombe; il me laisse;
Il part, que va-t-il faire? O moment plein d'effroi!
Gusman! Quoi, c'est donc lui que j'ai quitté pour toi!
Émire, suis ses pas, vole, et reviens m'instruire
S'il est en sûreté, s'il faut que je respire.
Va voir si ce soldat nous sert ou nous trahit.

                  (*Emire sort.*)

Un noir pressentiment m'afflige et me saisit:
Ce jour, ce jour pour moi ne peut être qu'horrible.
O toi, dieu des chrétiens, dieu vainqueur et terrible!
Je connais peu tes lois; ta main, du haut des cieux,
Perce à peine un nuage épaissi sur mes yeux;
Mais si je suis à toi, si mon amour t'offense,
Sur ce cœur malheureux épuise ta vengeance.
Grand Dieu! conduis Zamore au milieu des déserts;
Ne serais-tu le dieu que d'un autre univers?
Les seuls Européens sont-ils nés pour te plaire?
Es-tu tyran d'un monde, et de l'autre le père?
Les vainqueurs, les vaincus, tous ces faibles humains,
Sont tous également l'ouvrage de tes mains.

Mais de quels cris affreux mon oreille est frappée !
J'entends nommer Zamore : ô Ciel ! on m'a trompée.
Le bruit redouble, on vient : ah ! Zamore est perdu.

SCÈNE VI.

ALZIRE, ÉMIRE.

ALZIRE.

Chère Émire, est-ce toi ? qu'a-t-on fait ? qu'as-tu vu ?
Tire-moi, par pitié, de mon doute terrible.

ÉMIRE.

Ah ! n'espérez plus rien : sa perte est infaillible.
Des armes du soldat qui conduisait ses pas
Il a couvert son front, il a chargé son bras.
Il s'éloigne : à l'instant le soldat prend la fuite ;
Votre amant au palais court et se précipite ;
Je le suis en tremblant parmi nos ennemis,
Parmi ces meurtriers dans le sang endormis,
Dans l'horreur de la nuit, des morts et du silence.
Au palais de Gusman je le vois qui s'avance ;
Je l'appelais en vain de la voix et des yeux ;
Il m'échappe, et soudain j'entends des cris affreux :
J'entends dire : Qu'il meure ! on court ; on vole aux armes.
Retirez-vous, Madame, et fuyez tant d'alarmes ;
Rentrez.

ALZIRE.

Ah ! chère Émire, allons le secourir.

ÉMIRE.

Que pouvez-vous, Madame ? ô Ciel !

ALZIRE.

Je peux mourir.

SCÈNE VII.

ALZIRE, ÉMIRE, D. ALONZE, GARDES.

ALONZE.

A mes ordres secrets, Madame, il faut vous rendre.

ALZIRE.

Que me dis-tu, barbare, et que viens-tu m'apprendre?
Qu'est devenu Zamore?

ALONZE.

En ce moment affreux
Je ne puis qu'annoncer un ordre rigoureux.
Daignez me suivre.

ALZIRE.

O sort! ô vengeance trop forte!
Cruels! quoi, ce n'est point la mort que l'on m'apporte?
Quoi, Zamore n'est plus, et je n'ai que des fers!
Tu gémis, et tes yeux de larmes sont couverts!
Mes maux ont-ils touché des cœurs nés pour la haine?
Viens; si la mort m'attend, viens, j'obéis sans peine.

FIN DU QUATRIÈME ACTE.

ACTE V.

SCÈNE PREMIÈRE.

ALZIRE, GARDES.

ALZIRE.

Préparez-vous pour moi vos supplices cruels,
Tyrans, qui vous nommez les juges des mortels?
Laissez-vous dans l'horreur de cette inquiétude
De mes destins affreux flotter l'incertitude?
On m'arrête, on me garde, ou ne m'informe pas
Si l'on a résolu ma vie ou mon trépas.
Ma voix nomme Zamore, et mes gardes pâlissent;
Tout s'émeut à ce nom : ces monstres en frémissent.

SCÈNE II.

MONTÈZE, ALZIRE.

ALZIRE.

Ah, mon père !

MONTÈZE.

Ma fille, où nous as-tu réduits?
Voilà de ton amour les exécrables fruits.
Hélas! nous demandions la grâce de Zamore;
Alvarez avec moi daignait parler encore :
Un soldat à l'instant se présente à nos yeux;
C'était Zamore même, égaré, furieux.

Par ce déguisement la vue était trompée ;
A peine entre ses mains j'aperçois une épée :
Entrer, voler vers nous, s'élancer sur Gusman,
L'attaquer, le frapper, n'est pour lui qu'un moment.
Le sang de ton époux rejaillit sur ton père :
Zamore, au même instant dépouillant sa colère,
Tombe aux pieds d'Alvarez ; et tranquille et soumis ,
Lui présentant ce fer teint du sang de son fils :
J'ai fait ce que j'ai dû, j'ai vengé mon injure ;
Fais ton devoir, dit-il, et venge la nature.
Alors il se prosterne , attendant le trépas.
Le père tout sanglant se jette entre mes bras ;
Tout se réveille , on court , on s'avance , on s'écrie ,
On vole à ton époux, on rappelle sa vie ;
On arrête son sang, on presse le secours
De cet art inventé pour conserver nos jours.
Tout le peuple à grands cris demande ton supplice.
Du meurtre de son maître il te croit la complice.

ALZIRE.

Vous pourriez....

MONTÈZE.

Non, mon cœur ne t'en soupçonne pas ;
Non le tien n'est pas fait pour de tels attentats ;
Capable d'une erreur, il ne l'est point d'un crime ;
Tes yeux s'étaient fermés sur le bord de l'abîme.
Je le souhaite ainsi , je le crois ; cependant
Ton époux va mourir des coups de ton amant.
On va te condamner ; tu vas perdre la vie
Dans l'horreur du supplice et dans l'ignominie ;
Et je retourne enfin , par un dernier effort,
Demander au conseil et ta grâce et ma mort.

ALZIRE.

Ma grâce! à mes tyrans? les prier! vous, mon père?
Osez vivre et m'aimer, c'est ma seule prière.
Je plains Gusman : son sort a trop de cruauté;
Et je le plains surtout de l'avoir mérité.
Pour Zamore, il n'a fait que venger son outrage;
Je ne puis excuser ni blâmer son courage.
J'ai voulu le sauver, je ne m'en défends pas.
Il mourra....-Gardez-vous d'empêcher mon trépas.

MONTÈZE.

O Ciel? inspire-moi, j'implore te clémence !

(*Il sort.*)

SCÈNE III.

ALZIRE.

O Ciel! annéantis ma fatale existence.
Quoi! ce dieu que je sers me laisse sans secours !
Il défend à mes mains d'attenter sur mes jours !
Ah! j'ai quitté des dieux dont la bonté facile
Me permettait la mort, la mort, mon seul asile.
Eh! quel crime est-ce donc devant ce dieu jaloux
De hâter un moment qu'il nous prépare à tous ?
Quoi du calice amer d'un malheur si durable
Faut-il boire à longs traits la lie insupportable?
Ce corps vil et mortel est-il donc si sacré
Que l'esprit qui le meut ne le quitte à son gré ?
Ce peuple de vainqueurs, armé de son tonnerre,
A-t-il le droit affreux de dépeupler la terre,
D'exterminer les miens, de déchirer mon flanc ?
Et moi, je ne pourrai disposer de mon sang ?

Je ne pourrai sur moi permettre à mon courage
Ce que sur l'univers il permet à sa rage?
Zamore va mourir dans des tourmens affreux.
Barbares!

SCÈNE IV.

ZAMORE, *enchaîné*, ALZIRE, GARDES.

ZAMORE.

C'est ici qu'il faut périr tous deux.
Sous l'horrible appareil de sa fausse justice
Un tribunal de sang te condamne au supplice.
Gusman respire encor; mon bras désespéré
N'a porté dans son sein qu'un coup mal assuré :
Il vit pour achever le malheur de Zamore :
Il mourra tout couvert de ce sang que j'adore;
Nous périrons ensemble à ses yeux expirans;
Il va goûter encor le plaisir des tyrans.
Alvarez doit ici prononcer de sa bouche
L'abominable arrêt de ce conseil farouche.
C'est moi qui t'ai perdue, et tu péris pour moi.

ALZIRE.

Va, je ne me plains plus, je mourrai près de toi.
Tu m'aimes, c'est assez; bénis ma destinée,
Bénis le coup affreux qui rompt mon hyménée;
Songe que ce moment où je vais chez les morts
Est le seul où mon cœur peut t'aimer sans remords.
Libre par mon supplice, à moi-même rendue,
Je dispose à la fin d'une foi qui t'est due.
L'appareil de la mort, élevé pour nous deux,
Est l'autel où mon cœur te rend ses premiers feux :

C'est là que j'expirai le crime involontaire
De l'infidélité que j'avais pu te faire.
Ma plus grande amertume en ce funeste sort
C'est d'entendre Alvarez prononcer notre mort.

ZAMORE.

Ah! le voici; les pleurs inondent son visage.

ALZIRE.

Qui de nous trois, ô Ciel! a reçu plus d'outrage?
Et que d'infortunés le sort assemble ici!

SCÈNE V.

ALZIRE, ZAMORE, ALVAREZ, GARDES.

ZAMORE.

J'attends la mort de toi, le Ciel le veut ainsi;
Tu dois me prononcer l'arrêt qu'on vient de rendre:
Parle sans te troubler, comme je vais t'entendre :
Et fais livrer sans crainte aux supplices tout prêts
L'assassin de ton fils, et l'ami d'Alvarez.
Mais que t'a fait Alzire? et quelle barbarie
Te force à lui ravir une innocente vie?
Les Espagnols enfin t'ont donné leur fureur :
Une injuste vengeance entre-t-elle en ton cœur?
Connu seul parmi nous par ta clémence auguste,
Tu veux donc renoncer à ce grand nom de juste!
Dans le sang innocent ta main va se baigner!

ALZIRE.

Venge-toi, venge un fils, mais sans me soupçonner.
Épouse de Gusman, ce nom seul doit t'apprendre
Que loin de le trahir je l'aurais su défendre.

J'ai respecté ton fils ; et ce cœur gémissant
Lui conserva sa foi, même en le haïssant.
Que je sois de ton peuple applaudie ou blâmée,
Ta seule opinion fera ma renommée .
Estimée en mourant d'un cœur tel que le tien,
Je dédaigne le reste, et ne demande rien.
Zamore va mourir, il faut bien que je meure ;
C'est tout ce que j'attends, et c'est toi que je pleure.

ALVAREZ.

Quel mélange, grand Dieu, de tendresse et d'horreur!
L'assassin de mon fils est mon libérateur.
Zamore!... oui, je te dois des jours que je déteste ;
Tu m'as vendu bien cher un présent si funeste...
Je suis père, mais homme ; et malgré ta fureur,
Malgré la voix du sang qui parle à ma douleur,
Qui demande vengeance à mon âme éperdue,
La voix de tes bienfaits est encore entendue.
Et toi qui fus ma fille, et que dans nos malheurs
J'appelle encor d'un nom qui fait couler nos pleurs,
Va, ton père est bien loin de joindre à ses souffrances
Cet horrible plaisir que donnent les vengeances.
Il faut perdre à la fois, par des coups inouis,
Et mon libérateur, et ma fille, et mon fils.
Le conseil vous condamne : il a, dans sa colère,
Du fer de la vengeance armé la main d'un père.
Je n'ai point refusé ce ministère affreux...
Et je viens le remplir pour vous sauver tous deux.
Zamore, tu peux tout.

ZAMORE.

Je peux sauver Alzire?
Ah! parle, que faut-il ?

ALVAREZ.

Croire un dieu qui m'inspire.
Tu peux changer d'un mot et son sort et le tien ;
Ici la loi pardonne à qui se rend chrétien.
Cette loi que naguère un saint zèle a dictée,
Du Ciel en ta faveur y semble être apportée.
Le dieu qui nous apprit lui-même à pardonner
De son ombre à nos yeux saura t'environner.
Tu vas des Espagnols arrêter la colère ;
Ton sang, sacré pour eux, est le sang de leur frère ;
Les traits de la vengeance, en leurs mains suspendus,
Sur Alzire et sur toi ne se tourneront plus.
Je réponds de sa vie, ainsi que de la tienne ;
Zamore, c'est de toi qu'il faut que je l'obtienne.
Ne sois point inflexible à cette faible voix ;
Je te devrai la vie une seconde fois.
Cruel, pour me payer du sang dont tu me prives,
Un père infortuné demande que tu vives.
Rends-toi chrétien comme elle ; accorde-moi ce prix
De ses jours et des tiens, et du sang de mon fils.

ZAMORE, *à Alzire.*

Alzire, jusque-là chéririons-nous la vie ?
La racheterions-nous par notre ignominie ?
Quitterai-je mes dieux pour le dieu de Gusman ?

(*à Alvarez.*)

Et toi, plus que ton fils seras-tu mon tyran ?
Tu veux qu'Alzire meure, ou que je vive en traître !
Ah ! lorsque de tes jours je me suis vu le maître,
Si j'avais mis ta vie à cet indigne prix,
Parle, aurais-tu quitté le dieu de ton pays ?

ALVAREZ.

J'aurais fait ce qu'ici tu me vois faire encore.
J'aurais prié ce dieu, seul être que j'adore,
De n'abandonner pas un cœur tel que le tien,
Tout aveugle qu'il est, digne d'être chrétien.

ZAMORE.

Dieux! quel genre inoui de trouble et de supplice
Entre quels attentats faut-il que je choisisse?

    (*à Alzire.*)

Il s'agit de tes jours; il s'agit de mes dieux.
Toi qui m'oses aimer, ose juger entre eux;
Je m'en remets à toi; mon cœur se flatte encore
Que tu ne voudras point la honte de Zamore.

ALZIRE.

Écoute. Tu sais trop qu'un père infortuné
Disposa de ce cœur que je t'avais donné;
Je reconnus son dieu : tu peux de ma jeunesse
Accuser, si tu veux, l'erreur ou la faiblesse;
Mais des lois des chrétiens mon esprit enchanté
Vit chez eux ou du moins crut voir la vérité;
Et ma bouche abjurant les dieux de ma patrie,
Par mon âme en secret ne fut point démentie :
Mais renoncer au dieu que l'on croit dans son cœur,
C'est le crime d'un lâche, et non pas une erreur;
C'est trahir à la fois, sous un masque hypocrite,
Et le dieu qu'on préfère et le dieu que l'on quitte;
C'est mentir au Ciel même, à l'univers, à soi.
Mourons; mais, en mourant, sois digne encor de moi:
Et si Dieu ne te donne une clarté nouvelle,
Ta probité te parle, il faut n'écouter qu'elle.

ZAMORE.

J'ai prévu ta réponse : il vaut mieux expirer
Et mourir avec toi, que se déshonorer.

ALVAREZ.

Cruels, ainsi tous deux vous voulez votre perte !
Vous bravez ma bonté qui vous était offerte.
Écoutez, le temps presse, et ces lugubres cris...

SCÈNE VI.

ALVAREZ, ZAMORE, ALZIRE, ALONZE, AMÉRICAINS, ESPAGNOLS.

ALONZE.

On amène à vos yeux votre malheureux fils ;
Seigneur, entre vos bras il veut quitter la vie.
Du peuple qui l'aimait une troupe en furie,
S'empressant près de lui, vient se rassasier
Du sang de son épouse et de son meurtrier.

SCÈNE VII.

ALVAREZ, GUSMAN, ZAMORE, ALZIRE, AMÉRICAINS, SOLDATS.

ZAMORE.

Cruels, sauvez Alzire, et pressez mon supplice !

ALZIRE.

Non, qu'une affreuse mort tous trois nous réunisse.

ALVAREZ.

Mon fils mourant, mon fils ! ô comble de douleur !

ZAMORE, à Gusman.

Tu veux donc jusqu'au bout consommer ta fureur ?

Viens, vois couler mon sang, puisque tu vis encore?
Viens apprendre à mourir en regardant Zamore.

GUSMÁN, *à Zamore.*

Il est d'autres vertus que je veux t'enseigner :
Je dois un autre exemple, et je viens le donner.

(*à Alvarez.*)

Le Ciel qui veut ma mort, et qui l'a suspendue,
Mon père, en ce moment, m'amène en votre vue.
Mon âme fugitive et prête à me quitter,
S'arrête devant vous... mais pour vous imiter.
Je meurs : le voile tombe, un nouveau jour m'éclaire ;
Je ne me suis connu qu'au bout de ma carrière ;
J'ai fait jusqu'au moment qui me plonge au cercueil,
Gémir l'humanité du poids de mon orgueil.
Le Ciel venge la terre : il est juste ; et ma vie
Ne peut payer le sang dont ma main s'est rougie.
Le bonheur m'aveugla ; la mort m'a détrompé :
Je pardonne à la main par qui Dieu m'a frappé.
J'étais maître en ces lieux ; seul j'y commande encore :
Seul je puis faire grâce, et la fais à Zamore.
Vis, superbe ennemi ; sois libre, et te souviens
Quel fut et le devoir et la mort d'un chrétien.

(*à Montèze, qui se jette à ses pieds.*)

Montèze, Américains qui fûtes mes victimes,
Songez que ma clémence a surpassé mes crimes.
Instruisez l'Amérique ; apprenez à ses rois
Que les chrétiens sont nés pour leur donner des lois.

(*à Zamore.*)

Des dieux que nous servons connais la différence :
Les tiens t'ont commandé le meurtre et la vengeance ;
Et le mien, quand ton bras vient de m'assassiner,

M'ordonne de te plaindre et de te pardonner.

ALVAREZ.

Ah, mon fils, tes vertus égalent ton courage.

ALZIRE.

Quel changement, grand Dieu! quel étonnant langage!

ZAMORE.

Quoi! tu veux me forcer moi-même au repentir!

GUSMAN.

Je veux plus, je te veux forcer à me chérir.
Alzire n'a vécu que trop infortunée,
Et par mes cruautés, et par mon hyménée;
Que ma mourante main la remette en tes bras:
Vivez sans me haïr, gouvernez vos états,
Et de vos murs détruits rétablisssant la gloire,
De mon nom, s'il se peut, bénissez la mémoire.

(à Alvarez.)

Daignez servir de père à ces époux heureux;
Que du Ciel, par vos soins, le jour luise sur eux!
Aux clartés des chrétiens si son âme est ouverte,
Zamore est votre fils, et répare ma perte.

ZAMORE.

Je demeure immobile, égaré, confondu.
Quoi donc les vrais chrétiens auraient tant de vertu!
Ah! la loi qui t'oblige à cet effort suprême,
Je commence à le croire, est la loi d'un dieu même.
J'ai connu l'amitié, la constance, la foi;
Mais tant de grandeur d'âme est au-dessus de moi;
Tant de vertu m'accable, et son charme m'attire.
Honteux d'être vengé, je t'aime et je t'admire.

(Il se jette à ses pieds.)

ALZIRE.

Seigneur, en rougissant je tombe à vos genoux :
Alzire en ce moment voudrait mourir pour vous.
Entre Zamore et vous mon âme déchirée
Succombe au repentir dont elle est dévorée.
Je me sens trop coupable, et mes tristes erreurs...

GUSMAN.

Tout vous est pardonné, puisque je vois vos pleurs.
Pour la dernière fois, approchez-vous, mon père ;
Vivez long-temps heureux; qu'Alzire vous soit chère.
Zamore, sois chrétien ; je suis content : je meurs.

ALVAREZ, *à Montèze.*

Je vois le doigt de Dieu marqué dans nos malheurs.
Mon cœur désespéré se soumet, s'abandonne
Aux volontés d'un dieu qui frappe et qui pardonne.

FIN D'ALZIRE.

LE FANATISME,

TRAGÉDIE.

PERSONNAGES.

MAHOMET.

ZOPIRE, sheik ou shérif de la Mecque.

OMAR, lieutenant de Mahomet.

SÉIDE,
PALMIRE, } esclaves de Mahomet.

PHANOR, sénateur de la Mecque.

TROUPE DE MECQUOIS.

TROUPE DE MUSULMANS.

(*La scène est à la Mecque.*)

LE FANATISME,

TRAGÉDIE.

~~~~~~

ACTE PREMIER.

—

SCÈNE PREMIÈRE.

ZOPIRE, PHANOR.

ZOPIRE.

Qui ? moi, baisser les yeux devant ces faux prodiges ?
Moi, de ce fanatique encenser les prestiges !
L'honorer dans la Mecque après l'avoir banni !
Non. Que des justes dieux Zopire soit puni,
Si tu vois cette main, jusqu'ici libre et pure,
Caresser la révolte et flatter l'imposture !

PHANOR.

Nous chérissons en vous ce zèle paternel
Du chef auguste et saint du sénat d'Ismaël ;
Mais ce zèle est funeste ; et tant de résistance,
Sans lasser Mahomet, irrite sa vengeance.
Contre ses attentats vous pouviez autrefois
Lever impunément le fer sacré des lois,
Et des embrasemens d'une guerre immortelle
Étouffer sous vos pieds la première étincelle.
Mahomet citoyen ne parut à vos yeux
Qu'un novateur obscur, un vil séditieux :
Aujourd'hui c'est un prince ; il triomphe, il domine ;
Imposteur à la Mecque, et prophète à Médine,

Il sait faire adorer à trente nations
Tous ces mêmes forfaits qu'ici nous détestons.
Que dis-je? en ces murs même une troupe égarée,
Des poisons de l'erreur avec zèle enivrée,
De ses miracles faux soutient l'illusion,
Répand le fanatisme et la sédition,
Appelle son armée, et croit qu'un dieu terrible
L'inspire, le conduit, et le rend invincible.
Tous nos vrais citoyens avec vous sont unis;
Mais les meilleurs conseils sont-ils toujours suivis?
L'amour des nouveautés, le faux zèle, la crainte,
De la Mecque alarmée ont désolé l'enceinte;
Et ce peuple, en tout temps chargé de vos bienfaits,
Crie encore à son père, et demande la paix.

ZOPIRE.

La paix avec ce traître! Ah! peuple sans courage,
N'en attendez jamais qu'un horrible esclavage:
Allez, portez en pompe, et servez à genoux,
L'idole dont le poids va vous écraser tous.
Moi, je garde à ce fourbe une haine éternelle;
De mon cœur ulcéré la plaie est trop cruelle:
Lui-même a contre moi trop de ressentimens.
Le cruel fit périr ma femme et mes enfans:
Et moi, jusqu'en son camp j'ai porté le carnage;
La mort de son fils même honora mon courage.
Les flambeaux de la haine entre nous allumés
Jamais des mains du temps ne seront consumés.

PHANOR.

Ne les éteignez point, mais cachez-en la flamme;
Immolez au public les douleurs de votre âme.
Quand vous verrez ces lieux par ses mains ravagés,

Vos malheureux enfans seront-ils mieux vengés?
Vous avez tout perdu, fils, frère, épouse, fille;
Ne perdez point l'état : c'est là votre famille.

ZOPIRE.

On ne perd les états que par timidité.

PHANOR.

On périt quelquefois par trop de fermeté.

ZOPIRE.

Périssons, s'il le faut.

PHANOR.

Ah! quel triste courage,
Quand vous touchez au port, vous expose au naufrage?
Le Ciel, vous le voyez, a remis en vos mains
De quoi fléchir encor ce tyran des humains.
Cette jeune Palmire en ses camps élevée,
Dans vos derniers combats par vous-même enlevée,
Semble un ange de paix descendu parmi nous,
Qui peut de Mahomet apaiser le courroux.
Déjà par ses hérauts il l'a redemandée.

ZOPIRE.

Tu veux qu'à ce barbare elle soit accordée?
Tu veux que d'un si cher et si noble trésor
Ses criminelles mains s'enrichissent encor?
Quoi! lorsqu'il nous apporte et la fraude et la guerre,
Lorsque son bras enchaîne et ravage la terre,
Les plus tendres appas brigueront sa faveur,
Et la beauté sera le prix de sa fureur!
Ce n'est pas qu'à mon âge, aux bornes de ma vie,
Je porte à Mahomet une honteuse envie;
Ce cœur triste et flétri que les ans ont glacé
Ne peut sentir les feux d'un désir insensé.

Mais soit qu'en tous les temps un objet né pour plaire
Arrache de nos vœux l'hommage involontaire ;
Soit que, privé d'enfans, je cherche à dissiper
Cette nuit de douleurs qui vient m'envelopper ;
Je ne sais quel penchant pour cette infortunée
Remplit le vide affreux de mon âme étonnée.
Soit faiblesse ou raison, je ne puis sans horreur
La voir aux mains d'un monstre artisan de l'erreur.
Je voudrais qu'à mes vœux heureusement docile,
Elle-même en secret pût chérir cet asile ;
Je voudrais que son cœur, sensible à mes bienfaits,
Détestât Mahomet autant que je le hais.
Elle veut me parler sous ces sacrés portiques,
Non loin de cet autel de nos dieux domestiques ;
Elle vient, et son front, siége de la candeur,
Annonce en rougissant les vertus de son cœur.

SCÈNE II.

ZOPIRE, PALMIRE.

ZOPIRE.

Jeune et charmant objet dont le sort de la guerre,
Propice à ma vieillesse, honora cette terre,
Vous n'êtes point tombée en de barbares mains ;
Tout respecte avec moi vos malheureux destins ;
Votre âge, vos beautés, votre aimable innocence.
Parlez ; et s'il me reste encor quelque puissance,
De vos justes désirs si je remplis les vœux,
Ces derniers de mes jours seront des jours heureux.

PALMIRE.

Seigneur, depuis deux mois sous vos lois prisonnière,

Je dus à mes destins pardonner ma misère ;
Vos généreuses mains s'empressent d'effacer
Les larmes que le Ciel me condamne à verser.

Par vous, par vos bienfaits, à parler enhardie,
C'est de vous que j'attends le bonheur de ma vie.
Aux vœux de Mahomet j'ose ajouter les miens :
Il vous a demandé de briser mes liens ;
Puissiez-vous l'écouter ! et puissé-je lui dire
Qu'après le Ciel et lui je dois tout à Zopire !

ZOPIRE.

Ainsi de Mahomet vous regrettez les fers
Ce tumulte des camps, ces horreurs des déserts,
Cette patrie errante, au trouble abandonnée ?

PALMIRE.

La patrie est aux lieux où l'âme est enchaînée.
Mahomet a formé mes premiers sentimens,
Et ses femmes en paix guidaient mes faibles ans ;
Leur demeure est un temple où ces femmes sacrées
Lèvent au ciel des mains de leur maître adorées.
Le jour de mon malheur, hélas ! fut le seul jour
Où le sort des combats a troublé leur séjour :
Seigneur, ayez pitié d'une âme déchirée,
Toujours présente aux lieux dont je suis séparée.

ZOPIRE.

J'entends : vous espérez partager quelque jour
De ce maître orgueilleux et la main et l'amour.

PALMIRE.

Seigneur, je le révère, et mon âme tremblante
Croit voir dans Mahomet un dieu qui m'épouvante.
Non, d'un si grand hymen mon cœur n'est point flatté ;
Tant d'éclat convient mal à tant d'obscurité.

ZOPIRE.

Ah ! qui que vous soyez, il n'est point né peut-être
Pour être votre époux, encor moins votre maître :
Et vous semblez d'un sang fait pour donner des lois
A l'Arabe insolent qui marche égal aux rois.

PALMIRE.

Nous ne connaissons point l'orgueil de la naissance ;
Sans parens, sans patrie, esclaves dès l'enfance,
Dans notre égalité nous chérissons nos fers ;
Tout nous est étranger, hors le dieu que je sers.

ZOPIRE.

Tout vous est étranger ! cet état peut-il plaire ?
Quoi ! vous servez un maître, et n'avez point de père ?
Dans mon triste palais, seul et privé d'enfans,
J'aurais pu voir en vous l'appui de mes vieux ans ;
Le soin de vous former des destins plus propices
Eût adouci des miens les longues injustices.
Mais non, vous abhorrez ma patrie et ma loi.

PALMIRE.

Comment puis-je être à vous ? je ne suis point à moi.
Vous aurez mes regrets, votre bonté m'est chère ;
Mais enfin Mahomet m'a tenu lieu de père.

ZOPIRE.

Quel père ! justes dieux ! lui ? ce monstre imposteur !

PALMIRE.

Ah ! quels noms inouis lui donnez-vous, Seigneur !
Lui, dans qui tant d'états adorent leur prophète !
Lui, l'envoyé du Ciel, et son seul interprète !

ZOPIRE.

Étrange aveuglement des malheureux mortels !
Tout m'abandonne ici, pour dresser des autels.

À ce coupable heureux qu'épargna ma justice,
Et qui courut au trône, échappé du supplice.

PALMIRE.

Vous me faites frémir, Seigneur; et, de mes jours,
Je n'avais entendu ces horribles discours.
Mon penchant, je l'avoue, et ma reconnaissance
Vous donnaient sur mon cœur une juste puissance :
Vos blasphèmes affreux contre mon protecteur
À ce penchant si doux font succéder l'horreur.

ZOPIRE.

O superstition ! tes rigueurs inflexibles
Privent d'humanité les cœurs les plus sensibles.
Que je vous plains, Palmire; et que sur vos erreurs,
Ma pitié malgré moi me fait verser de pleurs !

PALMIRE.

Et vous me refusez !

ZOPIRE.

Oui. Je ne puis vous rendre
Au tyran qui trompa ce cœur flexible et tendre;
Oui, je crois voir en vous un bien trop précieux
Qui me rend Mahomet encor plus odieux.

SCÈNE III.

ZOPIRE, PALMIRE, PHANOR.

ZOPIRE.

Que voulez-vous, Phanor?

PHANOR.

Aux portes de la ville
D'où l'on voit de Moad la campagne fertile,
Omar est arrivé.

ZOPIRE.

Qui? ce farouche Omar,
Que l'erreur aujourd'hui conduit après son char,
Qui combattit long-temps le tyran qu'il adore,
Qui vengea son pays?

PHANOR.

Peut-être il l'aime encore.
Moins terrible à nos yeux, cet insolent guerrier,
Portant entre ses mains le glaive et l'olivier,
De la paix à nos chefs a présenté le gage.
On lui parle, il demande, il reçoit un otage.
Séide est avec lui.

PALMIRE.

Grand Dieu! destin plus doux!
Quoi! Séide?

PHANOR.

Omar vient, il s'avance vers vous.

ZOPIRE.

Il le faut écouter. Allez, jeune Palmire,

(*Palmire sort.*)

Omar devant mes yeux! qu'osera-t-il me dire?
O dieux de mon pays, qui depuis trois mille ans
Protégiez d'Ismaël les généreux enfans!
Soleil, sacrés flambeaux, qui dans votre carrière,
Images de ces dieux, nous prêtez leur lumière,
Voyez et soutenez la juste fermeté
Que j'opposai toujours contre l'iniquité!

SCÈNE IV.

ZOPIRE, OMAR, PHANOR, SUITE.

ZOPIRE.

Eh bien! après six ans tu revois ta patrie,

Que ton bras défendit, que ton cœur a trahie.
Ces murs sont encor pleins de tes premiers exploits
Déserteur de nos dieux, déserteur de nos lois,
Persécuteur nouveau de cette cité sainte,
D'où vient que ton audace en profane l'enceinte?
Ministre d'un brigand qu'on dut exterminer.
Parle; que me veux-tu?

OMAR.

Je veux te pardonner.
Le prophète d'un dieu, par pitié pour ton âge,
Pour tes malheurs passés, surtout pour ton courage,
Te présente une main qui pourrait t'écraser;
Et j'apporte la paix qu'il daigne proposer.

ZOPIRE.

Un vil séditieux prétend avec audace
Nous accorder la paix, et non demander grâce!
Souffrirez-vous, grands dieux! qu'au gré de ses forfaits
Mahomet nous ravisse ou nous rende la paix?
Et vous, qui vous chargez des volontés d'un traître,
Ne rougissez-vous point de servir un tel maître?
Ne l'avez-vous pas vu, sans honneurs et sans biens,
Ramper au dernier rang des derniers citoyens?
Qu'alors il était loin de tant de renommée!

OMAR.

A tes viles grandeurs ton âme accoutumée
Juge ainsi du mérite, et pèse les humains
Au poids que la fortune avait mis dans tes mains.
Ne sais-tu pas encore, homme faible et superbe,
Que l'insecte insensible enseveli sous l'herbe,
Et l'aigle impérieux qui plane au haut du ciel,
Rentrent dans le néant aux yeux de l'Éternel?

Les mortels sont égaux : ce n'est point la naissance,
C'est la seule vertu qui fait leur différence.
Il est de ces esprits favorisés des cieux,
Qui sont tout par eux-même, et rien par leurs aïeux.
Tel est l'homme, en un mot, que j'ai choisi pour maître ;
Lui seul dans l'univers a mérité de l'être ;
Tout mortel à sa loi doit un jour obéir,
Et j'ai donné l'exemple aux siècles à venir.

ZOPIRE.

Je te connais, Omar : en vain ta politique
Vient m'étaler ici ce tableau fanatique ;
En vain tu peux ailleurs éblouir les esprits ;
Ce que ton peuple adore excite mes mépris.
Bannis toute imposture, et d'un coup d'œil plus sage
Regarde ce prophète à qui tu rends hommage ;
Vois l'homme en Mahomet ; conçois par quel degré
Tu fais monter aux cieux ton fantôme adoré.
Enthousiaste ou fourbe, il faut cesser de l'être ;
Sers-toi de ta raison, juge avec moi ton maître :
Tu verras de chameaux un grossier conducteur,
Chez sa première épouse insolent imposteur,
Qui, sous le vain appât d'un songe ridicule,
Des plus vils des humains tente la foi crédule ;
Comme un séditieux à mes pieds amené,
Par quarante vieillards à l'exil condamné :
Trop léger châtiment qui l'enhardit au crime.
De caverne en caverne il fuit avec Fatime.
Ses disciples, errant de cités en déserts,
Proscrits, persécutés, bannis, chargés de fers,
Promènent leur fureur, qu'ils appellent divine ;
De leurs venins bientôt ils infectent Médine.

Toi-même alors, toi-même, écoutant la raison,
Tu voulus dans sa source arrêter le poison.
Je te vis plus heureux, et plus juste, et plus brave,
Attaquer le tyran dont je te vois l'esclave.
S'il est un vrai prophète, osas-tu le punir?
S'il est un imposteur, oses-tu le servir?

OMAR.

Je voulus le punir quand mon peu de lumière
Méconnut ce grand homme entré dans la carrière;
Mais enfin, quand j'ai vu que Mahomet est né
Pour changer l'univers à ses pieds consterné;
Quand mes yeux éclairés du feu de son génie
Le virent s'élever dans sa course infinie :
Éloquent, intrépide, admirable en tout lieu,
Agir, parler, punir, ou pardonner en dieu;
J'associai ma vie à ses travaux immenses :
Des trônes, des autels en sont les récompenses.
Je fus, je te l'avoue, aveugle comme toi :
Ouvre les yeux, Zopire, et change ainsi que moi;
Et, sans plus me vanter les fureurs de ton zèle,
Ta persécution si vaine et si cruelle,
Nos frères gémissans, notre dieu blasphémé,
Tombe aux pieds d'un héros par toi-même opprimé.
Viens baiser cette main qui porte le tonnerre.
Tu me vois après lui le premier de la terre;
Le poste qui te reste est encore assez beau
Pour fléchir noblement sous ce maître nouveau.
Vois ce que nous étions, et vois ce que nous sommes.
Le peuple, aveugle et faible, est né pour les grands hommes
Pour admirer, pour croire, et pour nous obéir.
Viens régner avec nous, si tu crains de servir;

Partage nos grandeurs au lieu de t'y soustraire;
Et, las de l'imiter, fais trembler le vulgaire.

ZOPIRE.

Ce n'est qu'à Mahomet, à ses pareils, à toi,
Que je prétends, Omar, inspirer quelque effroi.
Tu veux que du sénat le shérif infidèle
Encense un imposteur, et couronne un rebelle !
Je ne te nirai point que ce fier séducteur
N'ait beaucoup de prudence et beaucoup de valeur;
Je connais comme toi les talens de ton maître ;
S'il était vertueux, c'est un héros peut-être :
Mais ce héros, Omar, est un traître, un cruel,
Et de tous les tyrans c'est le plus criminel.
Cesse de m'annoncer sa trompeuse clémence;
Le grand art qu'il possède est l'art de la vengeance.
Dans le cours de la guerre un funeste destin
Le priva de son fils, que fit périr ma main.
Mon bras perça le fils, ma voix bannit le père;
Ma haine est inflexible, ainsi que sa colère;
Pour rentrer dans la Mecque, il doit m'exterminer,
Et le juste aux méchans ne doit point pardonner.

OMAR.

Eh bien ! pour te montrer que Mahomet pardonne,
Pour te faire embrasser l'exemple qu'il te donne,
Partage avec lui-même, et donne à tes tribus
Les dépouilles des rois que nous avons vaincus.
Mets un prix à la paix, mets un prix à Palmire;
Nos trésors sont à toi.

ZOPIRE.

Tu penses me séduire,
Me vendre ici ma honte, et marchander la paix

Par ses trésors honteux, le prix de ses forfaits?
Tu veux que sous ses lois Palmire se remette?
Elle a trop de vertus pour être sa sujette;
Et je veux l'arracher aux tyrans imposteurs
Qui renversent les lois et corrompent les mœurs.

OMAR.

Tu me parles toujours comme un juge implacable,
Qui sur son tribunal intimide un coupable!
Pense et parle en ministre, agis, traite avec moi
Comme avec l'envoyé d'un grand homme et d'un roi.

ZOPIRE.

Qui l'a fait roi? qui l'a couronné?

OMAR.

La victoire.

Ménage sa puissance, et respecte sa gloire.
Aux noms de conquérant et de triomphateur,
Il veut joindre le nom de pacificateur.
Son armée est encore aux bords du Saïbare;
Des murs où je suis né le siége se prépare;
Sauvons, si tu m'en crois, le sang qui va couler:
Mahomet veut ici te voir et te parler.

ZOPIRE.

Lui? Mahomet?

OMAR.

Lui-même; il t'en conjure.

ZOPIRE.

Traître!

Si de ces lieux sacrés j'étais l'unique maître,
C'est en te punissant que j'aurais répondu.

OMAR.

Zopire, j'ai pitié de ta fausse vertu.

3. — Chefs-d'œuvre de Volt.   14 *

Mais puisqu'un vil sénat insolemment partage
De ton gouvernement le fragile avantage,
Puisqu'il règne avec toi, je cours m'y présenter.

ZOPIRE.

Je t'y suis ; nous verrons qui l'on doit écouter.
Je défendrai mes lois, mes dieux et ma patrie.
Viens-y contre ma voix prêter ta voix impie
Au dieu persécuteur, effroi du genre humain,
Qu'un fourbe osé annoncer les armes à la main.

(à *Phanor.*)

Toi, viens m'aider, Phanor, à repousser un traître ;
Le souffrir parmi nous, et l'épargner, c'est l'être.
Renversons ses desseins, confondons son orgueil :
Préparons son supplice, ou creusons mon cercueil.
Je vais, si le sénat m'écoute et me seconde,
Délivrer d'un tyran ma patrie et le monde.

FIN DU PREMIER ACTE.

ACTE II.

SCÈNE PREMIÈRE.

SÉIDE, PALMIRE.

PALMIRE.

Dans ma prison cruelle est-ce un dieu qui te guide?
Mes maux sont-ils finis? te revois-je, Séide?

SÉIDE.

O charme de ma vie et de tous mes malheurs !
Palmire, unique objet qui m'a coûté des pleurs,
Depuis ce jour de sang qu'un ennemi barbare,
Près des camps du prophète, aux bords du Saïbare
Vint arracher sa proie à mes bras tout sanglans ;
Qu'étendu loin de toi sur des corps expirans,
Mes cris mal entendus sur cette infâme rive
Invoquèrent la mort, sourde à ma voix plaintive,
O ma chère Palmire, en quel gouffre d'horreur
Tes périls et ma perte ont abîmé mon cœur !
Que mes feux, que ma crainte et mon impatience
Accusaient la lenteur des jours de la vengeance !
Que je hâtais l'assaut si long-temps différé,
Cette heure de carnage, où, de sang enivré,
Je devais de mes mains brûler la ville impie
Où Palmire a pleuré sa liberté ravie !
Enfin de Mahomet les sublimes desseins,
Que n'ose approfondir l'humble esprit des humains,
Ont fait entrer Omar en ce lieu d'esclavage ;

Je l'apprends, et j'y vole. On demande un otage;
J'entre, je me présente; on accepte ma foi;
Et je me rends captif, ou je meurs avec toi.

PALMIRE.

Séide, au moment même, avant que ta présence
Vint de mon désespoir calmer la violence,
Je me jetais aux pieds de mon fier ravisseur.
Vous voyez, ai-je dit, les secrets de mon cœur :
Ma vie est dans les camps dont vous m'avez tirée ;
Rendez-moi le seul bien dont je suis séparée.
Mes pleurs, en lui parlant, ont arrosé ses pieds,
Ses refus ont saisi mes esprits effrayés.
J'ai senti dans mes yeux la lumière obscurcie :
Mon cœur sans mouvement, sans chaleur et sans vie,
D'aucune ombre d'espoir n'était plus secouru;
Tout finissait pour moi, quand Séide a paru.

SÉIDE.

Quel est donc ce mortel insensible à tes larmes?

PALMIRE.

C'est Zopire : il semblait touché de mes alarmes:
Mais le cruel enfin vient de me déclarer
Que des lieux où je suis rien ne peut me tirer.

SÉIDE.

Le barbare se trompe; et Mahomet, mon maître,
Et l'invincible Omar, et ton amant peut-être,
(Car j'ose me nommer après ces noms fameux,
Pardonne à ton amant cet espoir orgueilleux:)
Nous briserons ta chaîne, et tarirons tes larmes.
Le dieu de Mahomet, protecteur de nos armes,
Le dieu dont j'ai porté les sacrés étendards,
Le dieu qui de Médine a détruit les remparts,

Renversera la Mecque à nos pieds abattue.
Omar est dans la ville, et le peuple à sa vue
N'a point fait éclater ce trouble et cette horreur
Qu'inspire aux ennemis un ennemi vainqueur;
Au nom de Mahomet un grand dessein l'amène.

PALMIRE.

Mahomet nous chérit; il briserait ma chaîne;
Il unirait nos cœurs; nos cœurs lui sont offerts :
Mais il est loin de nous, et nous sommes aux fers.

SCÈNE II.

PALMIRE, SÉIDE, OMAR.

OMAR.

Vos fers seront brisés, soyez pleins d'espérance;
Le Ciel vous favorise, et Mahomet s'avance.

SÉIDE.

Lui ?

PALMIRE.

Notre auguste père !

OMAR.

Au conseil assemblé
L'esprit de Mahomet par ma bouche a parlé.
« Ce favori du dieu qui préside aux batailles,
« Ce grand homme, ai-je dit, est né dans vos murailles.
« Il s'est rendu des rois le maître et le soutien,
« Et vous lui refusez le rang de citoyen !
« Vient-il vous enchaîner, vous perdre, vous détruire?
« Il vient vous protéger, mais surtout vous instruire :
« Il vient dans vos cœurs même établir son pouvoir. »
Plus d'un juge à ma voix a paru s'émouvoir;

Les esprits s'ébranlaient : l'inflexible Zopire,
Qui craint de la raison l'inévitable empire,
Veut convoquer le peuple et s'en faire un appui.
On l'assemble ; j'y cours, et j'arrive avec lui ;
Je parle aux citoyens, j'intimide, j'exhorte ;
J'obtiens qu'à Mahomet on ouvre enfin la porte.
Après quinze ans d'exil, il revoit ses foyers ;
Il entre accompagné des plus braves guerriers,
D'Ali, dA'mmon, d'Hercide, et de sa noble élite ;
Il entre, et sur ses pas chacun se précipite.
Chacun porte un regard, comme un cœur différent :
L'un croit voir un héros, l'autre voir un tyran.
Celui-ci le blasphème et le menace encore ;
Cet autre est à ses pieds, les embrasse, et l'adore.
Nous faisons retentir à ce peuple agité
Les noms sacrés de Dieu, de paix, de liberté.
De Zopire éperdu la cabale impuissante
Vomit en vain les feux de sa rage expirante.
Au milieu de leurs cris, le front calme et serein,
Mahomet marche en maître et l'olive à la main :
La trêve est publiée, et le voici lui-même.

SCÈNE III.

MAHOMET, OMAR, ALI, HERCIDE, SÉIDE, PALMIRE, SUITE.

MAHOMET.

Invincibles soutiens de mon pouvoir suprême,
Noble et sublime Ali, Morad, Hercide, Amnon,
Retournez vers ce peuple, instruisez-le en mon nom ;
Promettez, menacez ; que la vérité règne ;

Qu'on adore mon dieu, mais surtout qu'on le craigne.
Vous, Séide, en ces lieux !

SÉIDE.

O mon père, ô mon roi !
Le dieu qui vous inspire a marché devant moi.
Prêt à mourir pour vous, prêt à tout entreprendre,
J'ai prévenu votre ordre.

MAHOMET.

Il eût fallu l'attendre.
Qui fait plus qu'il ne doit ne sait point me servir.
J'obéis à mon dieu ; vous, sachez m'obéir.

PALMIRE.

Ah ! Seigneur, pardonnez à son impatience.
Élevés près de vous dans notre tendre enfance :
Les mêmes sentimens nous animent tous deux :
Hélas ! mes tristes jours sont assez malheureux !
Loin de vous, loin de lui, j'ai langui prisonnière ;
Mes yeux de pleurs noyés s'ouvraient à la lumière :
Empoisonneriez-vous l'instant de mon bonheur ?

MAHOMET.

Palmire, c'est assez ; je lis dans votre cœur :
Que rien ne vous alarme et rien ne vous étonne.
Allez ; malgré les soins de l'autel et du trône,
Mes yeux sur vos destins seront toujours ouverts ;
Je veillerai sur vous comme sur l'univers.

(à Séide.)

Vous, suivez mes guerriers ; et vous, jeune Palmire,
En servant votre dieu ne craignez que Zopire.

SCÈNE IV.

MAHOMET, OMAR.

MAHOMET.

Toi, reste, brave Omar : il est temps que mon cœur
De ses derniers replis t'ouvre la profondeur.
D'un siége encor douteux la lenteur ordinaire
Peut retarder ma course et borner ma carrière :
Ne donnons point le temps aux mortels détrompés
De rassurer leurs yeux de tant d'éclat frappés.
Les préjugés, ami, sont les rois du vulgaire.
Tu connais quel oracle et quel bruit populaire
Ont promis l'univers à l'envoyé d'un dieu,
Qui, reçu dans la Mecque, et vainqueur en tout lieu,
Entrerait dans ces murs en écartant la guerre ;
Je viens mettre à profit les erreurs de la terre.
Mais tandis que les miens, par de nouveaux efforts,
De ce peuple inconstant font mouvoir les resorts,
De quel œil revois-tu Palmire avec Séide ?

OMAR.

Parmi tous ces enfans enlevés par Hercide,
Qui, formés sous ton joug et nourris dans ta loi,
N'ont de dieu que le tien, n'ont de père que toi,
Aucun ne te servit avec moins de scrupule,
N'eut un cœur plus docile, un esprit plus crédule ;
De tous tes musulmans ce sont les plus soumis.

MAHOMET.

Cher Omar, je n'ai point de plus grands ennemis.
Ils s'aiment, c'est assez.

OMAR.

    Blâmes-tu leurs tendresses ?

MAHOMET.

Ah ! connais mes fureurs et toutes mes faiblesses.

OMAR.

Comment ?

MAHOMET.

Tu sais assez quel sentiment vainqueur
Parmi mes passions règne au fond de mon cœur.
Chargé du soin du monde, environné d'alarmes,
je porte l'encensoir, et le sceptre, et les armes :
Ma vie est un combat, et ma frugalité
Asservit la nature à mon austérité.
J'ai banni loin de moi cette liqueur traîtresse,
Qui nourrit des humains la brutale mollesse :
Dans des sables brûlans, sur des rochers déserts,
Je supporte avec toi l'inclémence des airs.
L'amour seul me console ; il est ma récompense,
L'objet de mes travaux, l'idole que j'encense,
Le dieu de Mahomet ; et cette passion
Est égale aux fureurs de mon ambition.
Je préfère en secret Palmire à mes épouses.
Conçois-tu bien l'excès de mes fureurs jalouses,
Quand Palmire à mes pieds, par un aveu fatal,
Insulte à Mahomet et lui donne un rival ?

OMAR.

Et tu n'es pas vengé !

MAHOMET.

Juge si je dois l'être.
Pour le mieux détester, apprends à le connaître.
De mes deux ennemis apprends tous les forfaits :
Tous deux sont nés ici du tyran que je hais.

OMAR.

Quoi ! Zopire....

MAHOMET.

Est leur père : Hercide en ma puissance
Remit depuis quinze ans leur malheureuse enfance.
J'ai nourri dans mon sein ces serpens dangereux;
Déjà sans se connaître ils m'outragent tous deux.
J'attisai de mes mains leurs feux illégitimes.
Le Ciel voulut ici rassembler tous les crimes.
Je veux... Leur père vient; ses yeux lancent vers nous
Les regards de la haine, et les traits du courroux.

Observe tout, Omar, et qu'avec son escorte
Le vigilant Hercide assiége cette porte.
Reviens me rendre compte, et voir s'il faut hâter,
Ou retenir les coups que je dois lui porter.

SCÈNE V.

ZOPIRE, MAHOMET.

ZOPIRE.

Ah! quel fardeau cruel à ma douleur profonde!
Moi, recevoir ici cet ennemi du monde!

MAHOMET.

Approche, et puisqu'enfin le Ciel veut nous unir,
Vois Mahomet sans crainte, et parle sans rougir.

ZOPIRE.

Je rougis pour toi seul, pour toi dont l'artifice
A traîné ta patrie au bord du précipice :
Pour toi de qui la main sème ici les forfaits,
Et fait naître la guerre au milieu de la paix.
Ton seul nom parmi nous divise les familles,
Les époux, les parens, les mères, et les filles,
Et la trêve pour toi n'est qu'un moyen nouveau
Pour venir dans nos cœurs enfoncer le couteau.

La discorde civile est partout sur ta trace.
Assemblage inouï de mensonge et d'audace,
Tyran de ton pays, est-ce ainsi qu'en ce lieu
Tu viens donner la paix et m'annoncer un dieu?

MAHOMET.

Si j'avais à répondre à d'autres qu'à Zopire,
Je ne ferais parler que le dieu qui m'inspire;
Le glaive et l'alcoran dans mes sanglantes mains
Imposeraient silence au reste des humains;
Ma voix ferait sur eux les effets du tonnerre,
Et je verrais leurs fronts attachés à la terre :
Mais je te parle en homme, et sans rien déguiser;
Je me sens assez grand pour ne pas t'abuser.
Vois quel est Mahomet : nous sommes seuls; écoute:
Je suis ambitieux; tout homme l'est, sans doute;
Mais jamais roi, pontife, ou chef, ou citoyen,
Ne conçut un projet aussi grand que le mien.
Chaque peuple à son tour a brillé sur la terre,
Par les lois, par les arts, et surtout par la guerre;
Le temps de l'Arabie est à la fin venu.
Ce peuple généreux, trop long-temps inconnu,
Laissait dans ses déserts ensevelir sa gloire;
Voici les jours nouveaux marqués par la victoire.
Vois du nord au midi l'univers désolé,
La Perse encor sanglante, et son trône ébranlé,
L'Inde esclave et timide, et l'Égypte abaissée,
Des murs de Constantin la splendeur éclipsée;
Vois l'empire romain tombant de toutes parts,
Ce grand corps déchiré, dont les membres épars
Languissent dispersés sans honneur et sans vie :
Sur ces débris du monde élevons l'Arabie.

Il faut un nouveau culte, il faut de nouveaux fers ;
Il faut un nouveau dieu pour l'aveugle univers.

En Égypte Osiris, Zoroastre en Asie,
Chez les Crétois Minos, Numa dans l'Italie,
A des peuples sans mœurs, et sans culte, et sans rois,
Donnèrent aisément d'insuffisantes lois.
Je viens après mille ans changer ces lois grossières.
J'apporte un joug plus noble aux nations entières.
J'abolis les faux dieux ; et mon culte épuré,
De ma grandeur naissante est le premier degré.
Ne me reproche point de tromper ma patrie ;
Je détruis sa faiblesse et son idolâtrie :
Sous un roi, sous un dieu, je viens la réunir,
Et, pour la rendre illustre, il la faut asservir.

ZOPIRE.

Voilà donc tes desseins ! c'est donc toi dont l'audace
De la terre à ton gré prétend changer la face !
Tu veux, en apportant le carnage et l'effroi,
Commander aux humains de penser comme toi :
Tu ravages le monde, et tu prétends l'instruire.
Ah ! si par des erreurs il s'est laissé séduire,
Si la nuit du mensonge a pu nous égarer,
Par quels flambeaux affreux veux-tu nous éclairer
Quel droit as-tu reçu d'enseigner, de prédire,
De porter l'encensoir, et d'affecter l'empire ?

MAHOMET.

Le droit qu'un esprit vaste, et ferme en ses dessein
A sur l'esprit grossier des vulgaires humains.

ZOPIRE.

Et quoi ! tout factieux, qui pense avec courage,
Doit donner aux mortels un nouvel esclavage ?
Il a droit de tromper s'il trompe avec grandeur

MAHOMET.

Oui, je connais ton peuple, il a besoin d'erreur;
Ou véritable ou faux, mon culte est nécessaire.
Que t'ont produit tes dieux? quel bien t'ont-ils pu faire?
Quels lauriers vois-tu croître au pied de leurs autels?
Ta secte obscure et basse avilit les mortels,
Énerve le courage, et rend l'homme stupide;
La mienne, élève l'âme et la rend intrépide.
Ma loi fait des héros.

ZOPIRE.

Dis plutôt des brigands.
Porte ailleurs tes leçons, l'école des tyrans;
Va, vanter l'imposture à Médine où tu règnes,
Où tes maîtres séduits marchent sous tes enseignes,
Où tu vois tes égaux à tes pieds abattus.

MAHOMET.

Des égaux! dès long-temps Mahomet n'en a plus.
Je fais trembler la Mecque, et je règne à Médine;
Crois-moi, reçois la paix, si tu crains ta ruine.

ZOPIRE.

La paix est dans ta bouche, et ton cœur en est loin:
Penses-tu me tromper?

MAHOMET.

Je n'en ai pas besoin.
C'est le faible qui trompe, et le puissant commande.
Demain j'ordonnerai ce que je te demande;
Demain je puis te voir à mon joug asservi;
Aujourd'hui Mahomet veut être ton ami.

ZOPIRE.

Nous amis! nous, cruel! ah, quel nouveau prestige!
Connais-tu quelque dieu qui fasse un tel prodige?

MAHOMET.

J'en connais un puissant, et toujours écouté,
Qui te parle avec moi.

ZOPIRE.

Qui?

MAHOMET.

La nécessité,

Ton intérêt.

ZOPIRE.

Avant qu'un tel nœud nous rassemble,
Les enfers et les cieux seront unis ensemble.
L'intérêt est ton dieu, le mien est l'équité;
Entre ces ennemis il n'est point de traité.
Quel serait le ciment, réponds-moi, si tu l'oses,
De l'horrible amitié qu'ici tu me proposes?
Réponds; est-ce ton fils que mon bras te ravit?
Est-ce le sang des miens que ta main répandit?

MAHOMET.

Oui, ce sont tes fils même. Oui, connais un mystère
Dont seul dans l'univers je suis dépositaire:
Tu pleures tes enfans, ils respirent tous deux.

ZOPIRE.

Ils vivraient! qu'as-tu dit? ô Ciel! ô jour heureux!
Ils vivraient? c'est de toi qu'il faut que je l'apprenne!

MAHOMET.

Élevés dans mon camp, tous deux sont dans ma chaîne.

ZOPIRE.

Mes enfans dans tes fers! ils pourraient te servir!

MAHOMET.

Mes bienfaisantes mains ont daigné les nourrir.

ZOPIRE.

Quoi! tu n'as point sur eux étendu ta colère?

MAHOMET.

Je ne les punis point des fautes de leur père.

ZOPIRE.

Achève, éclaircis-moi, parle, quel est leur sort ?

MAHOMET.

Je tiens entre mes mains et leur vie et leur mort ;
Tu n'as qu'à dire un mot, et je t'en fais l'arbitre.

ZOPIRE.

Moi, je puis les sauver ! à quel prix ? à quel titre ?
Faut-il donner mon sang ? faut-il porter leurs fers ?

MAHOMET.

Non, mais il faut m'aider à tromper l'univers ;
Il faut rendre la Mecque, abandonner ton temple,
De la crédulité donner à tous l'exemple,
Annoncer l'Alcoran aux peuples effrayés,
Me servir en prophète, et tomber à mes pieds :
Je te rendrai ton fils, et je serai ton gendre.

ZOPIRE.

Mahomet, je suis père, et je porte un cœur tendre.
Après quinze ans d'ennuis, retrouver mes enfans,
Les revoir, et mourir dans leurs embrassemens,
C'est le premier des biens pour mon âme attendrie ;
Mais s'il faut à ton culte asservir ma patrie,
Ou de ma propre main les immoler tous deux,
Connais-moi, Mahomet, mon choix n'est pas douteux.
Adieu.

MAHOMET.

Fier citoyen, vieillard inexorable,
Je serai plus que toi cruel, impitoyable.

SCÈNE VI.

MAHOMET, OMAR.

OMAR.

Mahomet, il faut l'être ou nous sommes perdus :
Les secrets des tyrans me sont déjà vendus.
Demain la trêve expire, et demain on t'arrête ;
Demain Zopire est maître ; et fait tomber ta tête.
La moitié du sénat vient de te condamner ;
N'osant pas te combattre, on t'ose assassiner.
Ce meurtre d'un héros, ils le nomment supplice ;
Et ce complot obscur, ils l'appellent justice.

MAHOMET.

Ils sentiront la mienne ; ils verront ma fureur.
La persécution fit toujours ma grandeur :
Zopire périra.

OMAR.

　　　　Cette tête funeste,
En tombant à tes pieds, fera fléchir le reste.
Mais ne perds point de temps.

MAHOMET.

　　　　　　　　Mais, malgré mon courrou
Je dois cacher la main qui va lancer les coups,
Et détourner de moi les soupçons du vulgaire.

OMAR.

Il est trop méprisable.

MAHOMET.

　　　　　Il faut pourtant lui plaire ;
Et j'ai besoin d'un bras qui, par ma voix conduit,
Soit seul chargé du meurtre, et m'en laisse le fruit.

OMAR.

Pour un tel attentat je réponds de Séide.

MAHOMET.

De lui?

OMAR.

C'est l'instrument d'un pareil homicide.
Otage de Zopire, il peut seul aujourd'hui
L'aborder en secret, et te venger de lui.
Tes autres favoris, zélés avec prudence,
Pour s'exposer à tout ont trop d'expérience;
Ils sont tous dans cet âge où la maturité
Fait tomber le bandeau de la crédulité;
Il faut un cœur plus simple, aveugle avec courage,
Un esprit amoureux de son propre esclavage:
La jeunesse est le temps de ces illusions.
Séide est tout en proie aux superstitions;
C'est un lion docile à la voix qui le guide.

MAHOMET.

Le frère de Palmire?

OMAR.

Oui, lui-même, oui, Séide,
De ton fier ennemi le fils audacieux,
De son maître offensé rival incestueux.

MAHOMET.

Je déteste Séide, et son nom seul m'offense;
La cendre de mon fils me crie encor vengeance:
Mais tu connais l'objet de mon fatal amour;
Tu connais dans quel sang elle a puisé le jour.
Tu vois que dans ces lieux environnés d'abîmes
Je viens chercher un trône, un autel, des victimes;
Qu'il faut d'un peuple fier enchanter les esprits;

Qu'il faut perdre Zopire, et perdre encor son fils.
Allons, consultons bien mon intérêt, ma haine ,
L'amour, l'indigne amour, qui malgré moi m'entraîn
Et la religion , à qui tout est soumis,
Et la nécessité, par qui tout est permis.

FIN DU SECOND ACTE.

ACTE III.

—

SCÈNE PREMIÈRE.

SÉIDE, PALMIRE.

PALMIRE.

Demeure. Quel est donc ce secret sacrifice ?
Quel sang a demandé l'éternelle justice?
Ne m'abandonne pas.

SÉIDE.

Dieu daigne m'appeler :
Mon bras doit le servir; mon cœur va lui parler.
Omar veut à l'instant, par un serment terrible,
M'attacher de plus près à ce maître invincible.
Je vais jurer à Dieu de mourir pour sa loi,
Et mes seconds sermens ne seront que pour toi.

PALMIRE.

D'où vient qu'à ce serment je ne suis point présente?
Si je t'accompagnais, j'aurais moins d'épouvante.
Omar, ce même Omar, loin de me consoler,
Parle de trahison, de sang prêt à couler.
Des fureurs du sénat, des complots de Zopire.
Les feux sont allumés, bientôt la trêve expire ;
Le fer cruel est prêt, on s'arme, on va frapper :
Le prophète l'a dit, il ne peut nous tromper.
Je crains tout de Zopire, et je crains pour Séide.

SÉIDE.

Croirai-je que Zopire ait un cœur si perfide !

Ce matin, comme otage à ses yeux présenté,
J'admirais sa noblesse et son humanité;
Je sentais qu'en secret une force inconnue
Enlevait jusqu'à lui mon âme prévenue:
Soit respect pour son nom, soit qu'un dehors heureux
Me cachât de son cœur les replis dangereux,
Soit que, dans ces momens où je t'ai rencontrée,
Mon âme tout entière à son bonheur livrée,
Oubliant ses douleurs, et chassant tout effroi,
Ne connût, n'entendît, ne vît plus rien que toi;
Je me trouvais heureux d'être auprès de Zopire.
Je le hais d'autant plus qu'il m'avait su séduire:
Mais, malgré le courroux dont je dois m'animer,
Qu'il est dur de haïr ceux qu'on voulait aimer!

PALMIRE.

Ah! que le Ciel en tout a joint nos destinées!
Qu'il a pris soin d'unir nos âmes enchaînées!
Hélas! sans mon amour, sans ce tendre lien,
Sans cet instinct charmant qui joint mon cœur au tien,
Sans la religion que Mahomet m'inspire,
J'aurais eu des remords en accusant Zopire.

SÉIDE.

Laissons ces vains remords, et nous abandonnons
A la voix de ce dieu qu'à l'envi nous servons.
Je sors. Il faut prêter ce serment redoutable;
Le dieu qui m'entendra nous sera favorable;
Et le pontife roi, qui veille sur nos jours,
Bénira de ses mains de si chastes amours.
Adieu. Pour être à toi, je vais tout entreprendre.

SCÈNE II.

PALMIRE.

D'un noir pressentiment je ne puis me défendre.
Cet amour dont l'idée avait fait mon bonheur,
Ce jour tant souhaité n'est qu'un jour de terreur.
Quel est donc ce serment qu'on attend de Séide ?
Tout m'est suspect ici: Zopire m'intimide.
J'invoque Mahomet; et cependant mon cœur
Éprouve à son nom même une secrète horreur.
Dans les profonds respects que ce héros m'inspire,
Je sens que je le crains presque autant que Zopire,
Délivre-moi, grand Dieu! de ce trouble où je suis;
Craintive je te sers, aveugle je te suis;
Hélas! daigne essuyer les pleurs où je me noie!

SCÈNE III.

MAHOMET, PALMIRE.

PALMIRE.

C'est vous qu'à mon secours un dieu propice envoie,
Seigneur. Séide....

MAHOMET.

Eh bien! d'où vous vient cet effroi ?
Et que craint-on pour lui quand on est près de moi?

PALMIRE.

O Ciel! vous redoublez la douleur qui m'agite.
Quel prodige inouï! votre âme est interdite;
Mahomet est troublé pour la première fois.

MAHOMET.

Je devrais l'être au moins du trouble où je vous vois.

Est-ce ainsi qu'à mes yeux votre simple innocence
Ose avouer un feu qui peut-être m'offense?
Votre cœur a-t-il pu, sans être épouvanté,
Avoir un sentiment que je n'ai pas dicté?
Ce cœur que j'ai formé n'est-il plus qu'un rebelle,
Ingrat à mes bienfaits, à mes lois infidèle?

PALMIRE.

Que dites-vous? surprise et tremblante à vos pieds,
Je baisse en frémissant mes regards effrayés.
Et quoi! n'avez-vous pas daigné, dans ce lieu même,
Vous rendre à nos souhaits, et consentir qu'il m'aime?
Ces nœuds, ces chastes nœuds, que Dieu formait en nou
Sont un lien de plus qui nous attache à vous.

MAHOMET.

Redoutez des liens formés par l'imprudence.
Le crime quelquefois suit de près l'innocence.
Le cœur peut se tromper; l'amour et ses douceurs
Pourront coûter, Palmire, et du sang et des pleurs.

PALMIRE.

N'en doutez pas, mon sang coulerait pour Séide.

MAHOMET.

Vous l'aimez à ce point?

PALMIRE.

Depuis le jour qu'Hercide
Nous soumit l'un et l'autre à votre joug sacré,
Cet instinct tout-puissant, de nous-même ignoré,
Devançant la raison, croissant avec notre âge,
Du Ciel, qui conduit tout, fut le secret ouvrage.
Nos penchans, dites-vous, ne viennent que de lui:
Dieu ne saurait changer; pourrait-il aujourd'hui
Réprouver un amour que lui-même il fit naître?

Ce qui fut innocent peut-il cesser de l'être?
Pourrais-je être coupable?

MAHOMET.

Oui. Vous devez trembler:
Attendez les secrets que je dois révéler;
Attendez que ma voix veuille enfin vous apprendre
Ce qu'on peut approuver, ce qu'on doit se défendre.
Ne croyez que moi seul.

PALMIRE.

Et qui croire que vous?
Esclave de vos lois, soumise, à vos genoux,
Mon cœur d'un saint respect ne perd point l'habitude

MAHOMET.

Trop de respect souvent mène à l'ingratitude.

PALMIRE.

Non, si de vos bienfaits je perds le souvenir,
Que Séide à vos yeux s'empresse à m'en punir!

MAHOMET.

Séide!

PALMIRE.

Ah! quel courroux arme votre œil sévère?

MAHOMET.

Allez, rassurez-vous, je n'ai point de colère.
C'est éprouver assez vos sentimens secrets;
Reposez-vous sur moi de vos vrais intérêts:
Je suis digne du moins de votre confiance.
Vos destins dépendront de votre obéissance.
Si j'eus soin de vos jours, si vous m'appartenez,
Méritez des bienfaits qui vous sont destinés.
Quoi que la voix du Ciel ordonne de Séide,
Affermissez ses pas où son devoir le guide:
Qu'il garde ses sermens; qu'il soit digne de vous.

PALMIRE.

N'en doutez point, mon père, il les remplira tous :
Je réponds de son cœur ainsi que de moi-même.
Séide vous adore encor plus qu'il ne m'aime ;
Il voit en vous son roi, son père, son appui :
J'en atteste à vos pieds l'amour que j'ai pour lui.
Je cours à vous servir encourager son âme.

SCÈNE IV.

MAHOMET.

Quoi ! je suis malgré moi confident de sa flamme !
Quoi ! sa naïveté, confondant ma fureur,
Enfonce innocemment le poignard dans mon cœur !
Père, enfans, destinés au malheur de ma vie,
Race toujours funeste, et toujours ennemie,
Vous allez éprouver, dans cet horrible jour,
Ce que peut à la fois ma haine et mon amour.

SCÈNE V.

MAHOMET, OMAR.

OMAR.

Enfin voici le temps et de ravir Palmire,
Et d'envahir la Mecque, et de punir Zopire :
Sa mort seule, à tes pieds mettra nos citoyens ;
Tout est désespéré si tu ne le préviens.
Le seul Séide ici te peut servir, sans doute ;
Il voit souvent Zopire, il lui parle, il l'écoute.
Tu vois cette retraite, et cet obscur détour
Qui peut de ton palais conduire à son séjour ;
Là, cette nuit, Zopire à ses dieux fantastiques

Offre un encens frivole et des vœux chimériques.
Là, Séide, enivré du zèle de ta loi,
Va l'immoler au dieu qui lui parle par toi.

MAHOMET.

Qu'il l'immole, il le faut; il est né pour le crime:
Qu'il en soit l'instrument, qu'il en soit la victime.
Ma vengeance, mes feux, ma loi, ma sûreté,
L'irrévocable arrêt de la fatalité,
Tout le veut. Mais crois-tu que son jeune courage,
Nourri du fanatisme, en ait toute la rage?

OMAR.

Lui seul était formé pour remplir ton dessein.
Palmire à te servir excite encor sa main.
L'amour, le fanatisme, aveuglent sa jeunesse;
Il sera furieux par excès de faiblesse.

MAHOMET.

Par les nœuds des sermens as-tu lié son cœur?

OMAR.

Du plus saint appareil la ténébreuse horreur,
Les autels, les sermens, tout enchaîne Séide.
J'ai mis un fer sacré dans sa main parricide,
Et la religion le remplit de fureur.
Il vient.

SCÈNE VI.

MAHOMET, OMAR, SÉIDE.

MAHOMET.

Enfant d'un dieu qui parle à votre cœur,
Écoutez par ma voix sa volonté suprême;
Il faut venger son culte, il faut venger Dieu même.

SÉIDE.

Roi, pontife et prophète, à qui je suis voué,
Maître des nations par le Ciel avoué,
Vous avez sur mon être une entière puissance :
Éclairez seulement ma docile ignorance.
Un mortel venger Dieu !

MAHOMET.

C'est par vos faibles mains
Qu'il veut épouvanter les profanes humains.

SÉIDE.

Ah ! sans doute, ce dieu, dont vous êtes l'image,
Va d'un combat illustre honorer mon courage.

MAHOMET.

Faites ce qu'il ordonne; il n'est point d'autre honneur.
De ses décrets divins aveugle exécuteur,
Adorez et frappez; vos mains seront armées
Par l'ange de la mort et le dieu des armées.

SÉIDE.

Parlez : quels ennemis vous faut-il immoler ?
Quel tyran faut-il perdre ? et quel sang doit couler ?

MAHOMET.

Le sang du meurtrier que Mahomet abhorre,
Qui nous persécuta, qui nous poursuit encore,
Qui combattit mon dieu, qui massacra mon fils;
Le sang du plus cruel de tous nos ennemis :
De Zopire.

SÉIDE.

De lui ! quoi ! mon bras...

MAHOMET.

Téméraire,
On devient sacrilége alors qu'on délibère.

Loin de moi les mortels assez audacieux
Pour juger par eux même et pour voir par leurs yeux.
Quiconque ose penser n'est pas né pour me croire.
Obéir en silence est votre seule gloire.
Savez-vous qui je suis? Savez-vous en quels lieux
Ma voix vous a chargé des volontés des Cieux?
Si, malgré ses erreurs et son idolâtrie,
Des peuples d'Orient la Mecque est la patrie;
Si ce temple du monde est promis à ma loi;
Si Dieu m'en a créé le pontife et le roi;
Si la Mecque est sacrée, en savez-vous la cause?
Ibrahim y naquit, et sa cendre y repose:
Ibrahim, dont le bras docile à l'Éternel
Traîna son fils unique aux marches de l'autel,
Étouffant pour son dieu les cris de la nature.
Et quand ce dieu par vous veut venger son injure,
Quand je demande un sang à lui seul adressé,
Quand Dieu vous a choisi, vous avez balancé!
Allez, vil idolâtre, et né pour toujours l'être,
Indigne musulman, cherchez un autre maître.
Le prix était tout prêt; Palmire était à vous:
Mais vous bravez Palmire et le Ciel en courroux?
Lâche et faible instrument des vengeances suprêmes,
Les traits que vous portez vont tomber sur vous-mêmes.
Fuyez, servez, rampez sous mes fiers ennemis.

SÉIDE.

Je crois entendre Dieu; tu parles, j'obéis.

MAHOMET.

Obéissez, frappez: teint du sang d'un impie,
Méritez par sa mort une éternelle vie.

(à Omar.)

Ne l'abandonne pas, et non loin de ces lieux

Sur tous ses mouvemens ouvre toujours les yeux.

SCÈNE VII.

SÉIDE.

Immoler un vieillard, de qui je suis l'otage,
Sans armes, sans défense, appesanti par l'âge !
N'importe ; une victime amenée à l'autel
Y tombe sans défense, et son sang plaît au Ciel.
Enfin Dieu m'a choisi pour ce grand sacrifice :
J'en ai fait le serment ; il faut qu'il s'accomplisse.
Venez à mon secours, ô vous, de qui le bras
Aux tyrans de la terre a donné le trépas ;
Ajoutez vos fureurs à mon zèle intrépide ;
Affermissez ma main saintement homicide.
Ange de Mahomet, ange exterminateur,
Mets ta férocité dans le fond de mon cœur.
Ah ! que vois-je ?

SCÈNE VIII.

ZOPIRE, SÉIDE.

ZOPIRE.

    A mes yeux tu te troubles, Séide !
Vois d'un œil plus content le dessein qui me guide ;
Otage infortuné, que le sort m'a remis,
Je te vois à regret parmi mes ennemis.
La trêve a suspendu le moment du carnage ;
Ce torrent retenu peut s'ouvrir un passage :
Je ne t'en dis pas plus ; mais mon cœur, malgré moi,
A frémi des dangers assemblés près de toi.
Cher Séide, en un mot, dans cette horreur publique,

Souffre que ma maison soit ton asile unique.
Je réponds de tes jours ; ils me sont précieux ;
Ne me refuse pas.

SÉIDE.

O mon devoir ! ô Cieux !
Ah, Zopire ! est-ce vous qui n'avez d'autre envie
Que de me protéger, de veiller sur ma vie ?
Prêt à verser son sang, qu'ai-je ouï ? qu'ai-je vu ?
Pardonne, Mahomet, tout mon cœur s'est ému.

ZOPIRE.

De ma pitié pour toi tu t'étonnes peut-être ;
Mais enfin je suis homme, et c'est assez de l'être
Pour aimer à donner des soins compatissans
A des cœurs malheureux que l'on croit innocens.
Exterminez, grands dieux, de la terre où nous sommes
Quiconque avec plaisir répand le sang des hommes !

SÉIDE.

Que ce langage est cher à mon cœur combattu !
L'ennemi de mon dieu connaît donc la vertu !

ZOPIRE.

Tu la connais bien peu puisque tu t'en étonnes.
Mon fils, à quelle erreur, hélas ! tu t'abandonnes !
Ton esprit, fasciné par les lois d'un tyran,
Pense que tout est crime hors d'être musulman.
Cruellement docile aux leçons de ton maître,
Tu m'avais en horreur avant de me connaître ;
Avec un joug de fer, un affreux préjugé
Tient ton cœur innocent dans le piége engagé.
Je pardonne aux erreurs où Mahomet t'entraîne ;
Mais peux-tu croire un dieu qui commande la haine?

SÉIDE.

Ah ! je sens qu'à ce dieu je vais désobéir ;
Non , Seigneur, non, mon cœur ne saurait vous haïr.

ZOPIRE.

Hélas ! plus je lui parle, et plus il m'intéresse.
Son âge, sa candeur, ont surpris ma tendresse.
Se peut-il qu'un soldat de ce monstre imposteur
Ait trouvé malgré lui le chemin de mon cœur ?
Quel es-tu ? de quel sang les dieux t'ont-ils fait naître ?

SÉIDE.

Je n'ai point de parens, Seigneur, je n'ai qu'un maître,
Que jusqu'à ce moment j'avais toujours servi,
Mais qu'en vous écoutant ma faiblesse a trahi.

ZOPIRE.

Quoi ! tu ne connais point de qui tu tiens la vie ?

SÉIDE.

Son camp fut mon berceau ; son temple est ma patrie :
Je n'en connais point d'autre ; et , parmi ces enfans
Qu'en tribut à mon maître on offre tous les ans,
Nul n'a plus que Séide éprouvé sa clémence.

ZOPIRE.

Je ne puis le blâmer de sa reconnaissance.
Oui, les bienfaits, Séide, ont des droits sur un cœur.
Ciel ! pourquoi Mahomet fut-il son bienfaiteur ?
Il t'a servi de père, aussi bien qu'à Palmire :
D'où vient que tu frémis, et que ton cœur soupire ?
Tu détournes de moi ton regard égaré ;
De quelque grand remords tu sembles déchiré.

SÉIDE.

Eh ! qui n'en aurait pas dans ce jour effroyable !

ZOPIRE.

Si tes remords sont vrais, ton cœur n'est plus coupable.
Viens ; le sang va couler ; je veux sauver le tien.

SÉIDE.

Juste Ciel ! et c'est moi qui répandrais le sien !
O sermens ! ô Palmire ! ô vous, dieu des vengeances !

ZOPIRE.

Remets-toi dans mes mains ; tremble, si tu balances ;
Pour la dernière fois, viens, ton sort en dépend.

SCÈNE IX.

ZOPIRE, SÉIDE, OMAR, SUITE.

OMAR, *entrant avec précipitation.*

Traître, que faites-vous ? Mahomet vous attend.

SÉIDE.

Où suis-je ! ô Ciel ! où suis-je ! et que dois-je résoudre ?
D'un et d'autre côté je vois tomber la foudre.
Où courir ? où porter un trouble si cruel ?
Où fuir ?

OMAR.

Aux pieds du roi qu'a choisi l'Éternel.

SÉIDE.

Oui, j'y cours abjurer un serment que j'abhorre.

SCÈNE X.

ZOPIRE.

Ah ! Séide ! où vas-tu ? Mais il me fuit encore ;
Il sort désespéré, frappé d'un sombre effroi,
Et mon cœur qui le suit s'échappe loin de moi.
Ses remords, ma pitié, son aspect, son absence,
A mes sens déchirés font trop de violence.
Suivons ses pas.

SCÈNE XI.

ZOPIRE, PHANOR.

PHANOR.

Lisez ce billet important
Qu'un Arabe en secret m'a donné dans l'instant.

ZOPIRE

Hercide! qu'ai-je lu? Grands dieux, votre clémence
Répare-t-elle enfin soixante ans de souffrance?
Hercide veut me voir! lui, dont le bras cruel
Arracha mes enfans à ce sein paternel!
Ils vivent! Mahomet les tient sous sa puissance,
Et Séide et Palmire ignorent leur naissance!
Mes enfans! tendre espoir que je n'ose écouter!
Je suis trop malheureux, je crains de me flatter.
Pressentiment confus, faut-il que je vous croie?
O mon sang! où porter mes larmes et ma joie?
Mon cœur ne peut suffire à tant de mouvemens;
Je cours, et je suis prêt d'embrasser mes enfans.
Je m'arrête, j'hésite, et ma douleur craintive
Prête à la voix du sang une oreille attentive.
Allons. Voyons Hercide au milieu de la nuit;
Qu'il soit sous cette voûte en secret introduit,
Au pied de cet autel, où les pleurs de ton maître
Ont fatigué les dieux, qui s'apaisent peut-être.
Dieux! rendez-moi mes fils: dieux, rendez aux vertus
Deux cœurs nés généreux, qu'un traître a corrompus.
S'ils ne sont point à moi, si telle est ma misère,
Je les veux adopter, je veux être leur père.

FIN DU TROISIÈME ACTE.

ACTE IV.

SCÈNE PREMIÈRE.

MAHOMET, OMAR.

OMAR.

Oui, de ce grand secret la trame est découverte ;
Ta gloire est en danger, ta tombe est entr'ouverte.
Séide obéira : mais avant que son cœur,
Raffermi par ta voix, eût repris sa fureur,
Séide a révélé cet horrible mystère.

MAHOMET.

O Ciel !

OMAR.

Hercide l'aime : il lui tient lieu de père.

MAHOMET.

Eh bien ! que pense Hercide ?

OMAR.

Il paraît effrayé ;
Il semble pour Zopire avoir quelque pitié.

MAHOMET.

Hercide est faible ; ami, le faible est bientôt traître.
Qu'il tremble, il est chargé du secret de son maître.
Je sais comme on écarte un témoin dangereux.
Suis-je en tout obéi ?

OMAR.

J'ai fait ce que tu veux.

MAHOMET.

Préparons donc le reste. Il faut que dans une heure
On nous traîne au supplice, ou que Zopire meure.
S'il meurt, c'en est assez; tout ce peuple éperdu
Adorera mon dieu, qui m'aura défendu.
Voilà le premier pas; mais sitôt que Séide
Aura rougi ses mains de ce grand homicide,
Réponds-tu qu'au trépas Séide soit livré?
Réponds-tu du poison qui lui fut préparé?

OMAR.

N'en doute point.

MAHOMET.

Il faut que nos mystères sombres
Soient cachés dans la mort, et couverts de ses ombres.
Mais tout prêt à frapper, prêt à percer le flanc
Dont Palmire a tiré la source de son sang,
Prends soin de redoubler son heureuse ignorance:
Épaississons la nuit qui voile sa naissance,
Pour son propre intérêt, pour moi, pour mon bonheur.
Mon triomphe en tout temps est fondé sur l'erreur.
Elle naquit en vain de ce sang que j'abhorre:
On n'a point de parens alors qu'on les ignore.
Les cris du sang, sa force et ses impressions,
Des cœurs toujours trompés sont les illusions.
La nature à mes yeux n'est rien que l'habitude;
Celle de m'obéir fit son unique étude:
Je lui tiens lieu de tout. Qu'elle passe en mes bras
Sur la cendre des siens, qu'elle ne connaît pas.
Son cœur même en secret, ambitieux peut-être,
Sentira quelque orgueil à captiver son maître.
Mais déjà l'heure approche où Séide en ces lieux

Doit m'immoler son père à l'aspect de ses dieux.
Retirons-nous.

OMAR.

Tu vois sa démarche égarée ;
De l'ardeur d'obéir son âme est dévorée.

SCÈNE II.

MAHOMET, OMAR, *sur le devant, mais retirés de
côté ;* SÉIDE, *dans le fond.*

SÉIDE.

Il le faut donc remplir ce terrible devoir !

MAHOMET.

Viens, et par d'autres coups assurons mon pouvoir.

(*Il sort avec Omar.*)

SÉIDE, *seul.*

À tout ce qu'ils m'ont dit je n'ai rien à répondre.
Un mot de Mahomet suffit pour me confondre.
Mais, quand il m'accablait de cette sainte horreur,
La persuasion n'a point rempli mon cœur.
Si le Ciel a parlé, j'obéirai sans doute ;
Mais quelle obéissance ! ô Ciel ! et qu'il en coûte !

SCÈNE III.

SÉIDE, PALMIRE.

SÉIDE.

Palmire, que veux-tu ? Quel funeste transport !
Qui t'amène en ces lieux consacrés à la mort ?

PALMIRE.

Séide, la frayeur et l'amour sont mes guides ;
Mes pleurs baignent tes mains saintement homicides.

Quel sacrifice horrible, hélas! faut-il offrir?
A Mahomet, à Dieu, tu vas donc obéir?

SÉIDE.

O de mes sentimens souveraine adorée,
Parlez, déterminez ma fureur égarée;
Éclairez mon esprit, et conduisez mon bras;
Tenez-moi lieu d'un dieu que je ne comprends pas.
Pourquoi m'a-t-il choisi? ce terrible prophète
D'un ordre irrévocable est-il donc l'interprète?

PALMIRE.

Tremblons d'examiner. Mahomet voit nos cœurs,
Il entend nos soupirs, il observe mes pleurs.
Chacun redoute en lui la Divinité même;
C'est tout ce que je sais; le doute est un blasphème:
Et le dieu qu'il annonce avec tant de hauteur,
Séide, est le vrai dieu, puisqu'il le rend vainqueur.

SÉIDE.

Il l'est, puisque Palmire et le croit et l'adore.
Mais mon esprit confus ne conçoit point encore
Comment ce dieu si bon, ce père des humains,
Pour un meurtre effroyable a réservé mes mains.
Je ne le sais que trop, que mon doute est un crime,
Qu'un prêtre sans remords égorge sa victime,
Que par la voix du Ciel Zopire est condamné,
Qu'à soutenir ma loi j'étais prédestiné.
Mahomet s'expliquait, il a fallu me taire;
Et, tout fier de servir la céleste colère,
Sur l'ennemi de Dieu je portais le trépas;
Un autre dieu, peut-être, a retenu mon bras.
Du moins, lorsque j'ai vu ce malheureux Zopire,
De ma religion j'ai senti moins l'empire.

Vainement mon devoir au meurtre m'appelait ;
A mon cœur éperdu l'humanité parlait ;
Mais avec quel courroux , avec quelle tendresse,
Mahomet de mes sens accuse la faiblesse !
Avec quelle grandeur, et quelle autorité,
Sa voix vient d'endurcir ma sensibilité !
Que la religion est terrible et puissante !
J'ai senti la fureur en mon cœur renaissante.
Palmire, je suis faible, et du meurtre effrayé ;
De ces saintes fureurs je passe à la pitié ;
De sentimens confus une foule m'assiége :
Je crains d'être barbare, ou d'être sacrilége.
Je ne me sens point fait pour être un assassin.
Mais quoi! Dieu me l'ordonne, et j'ai promis ma main ;
J'en verse encor des pleurs de douleur et de rage.
Vous me voyez, Palmire, en proie à cet orage,
Nageant dans le reflux des contrariétés,
Qui pousse et qui retient mes faibles volontés.
C'est à vous de fixer mes fureurs incertaines :
Nos cœurs sont réunis par les plus fortes chaînes ;
Mais, sans ce sacrifice à mes mains imposé,
Le nœud qui nous unit est à jamais brisé ;
Ce n'est qu'à ce seul prix que j'obtiendrai Palmire.

PALMIRE.

Je suis le prix du sang du malheureux Zopire !

SÉIDE.

Le Ciel et Mahomet ainsi l'ont arrêté.

PALMIRE.

L'amour est-il donc fait pour tant de cruauté ?

SÉIDE.

Ce n'est qu'au meurtrier que Mahomet te donne.

PALMIRE.

Quelle effroyable dot !

SÉIDE.

Mais si le Ciel l'ordonne ?
Si je sers et l'amour et la religion ?

PALMIRE.

Hélas !

SÉIDE.

Vous connaissez la malédiction
Qui punit à jamais la désobéissance.

PALMIRE.

Si Dieu même en tes mains a remis sa vengeance,
S'il exige le sang que ta bouche a promis....

SÉIDE.

Eh bien ! pour être à toi que faut-il ?

PALMIRE.

Je frémis.

SÉIDE.

Je t'entends, son arrêt est parti de ta bouche.

PALMIRE.

Qui, moi ?

SÉIDE.

Tu l'as voulu.

PALMIRE.

Dieu ! quel arrêt farouche !
Que t'ai-je dit ?

SÉIDE.

Le Ciel vient d'emprunter ta voix,
C'est son dernier oracle, et j'accomplis ses lois.
Voici l'heure où Zopire à cet autel funeste
Doit prier en secret des dieux que je déteste.
Palmire, éloigne-toi.

PALMIRE.

Je ne puis te quitter.

SÉIDE.

Ne vois point l'attentat qui va s'exécuter :
Ces momens sont affreux. Va, fuis ; cette retraite
Est voisine des lieux qu'habite le prophète.
Va, dis-je.

PALMIRE.

Ce vieillard va donc être immolé !

SÉIDE.

De ce grand sacrifice ainsi l'ordre est réglé ;
Il le faut de ma main traîner sur la poussière,
De trois coups dans le sein lui ravir la lumière,
Renverser dans son sang cet autel dispersé.

PALMIRE.

Lui, mourir par tes mains ! tout mon sang s'est glacé.
Le voici, juste Ciel !...

(*Le fond du théâtre s'ouvre. On voit un autel.*)

SCÈNE IV.

ZOPIRE, SÉIDE, PALMIRE, *sur le devant.*

ZOPIRE, *près de l'autel.*

O dieux de ma patrie !

Dieux prêts à succomber sous une secte impie,
C'est pour vous-même ici que ma débile voix
Vous implore aujourd'hui pour la dernière fois.
La guerre va renaître, et ses mains meurtrières
De cette faible paix vont briser les barrières.
Dieux ! si d'un scélérat vous respectez le sort....

SÉIDE, *à Palmire.*

Tu l'entends qui blasphème ?

ZOPIRE.

                Accordez-moi la mort,
Mais rendez-moi mes fils à mon heure dernière ;
Que j'expire en leurs bras ; qu'ils ferment ma paupière,
Hélas ! si j'en croyais mes secrets sentimens,
Si vos mains en ces lieux ont conduit mes enfans....

PALMIRE, *à Séide.*

Que dit-il ? ses enfans !

ZOPIRE.

           O mes dieux que j'adore !
Je mourrais du plaisir de les revoir encore.
Arbitre des destins, daignez veiller sur eux ;
Qu'ils pensent comme moi, mais qu'ils soient plus heureu

SÉIDE.

Il court à ses faux dieux ! frappons.

     (*Il tire son poignard.*)

PALMIRE.

               Que vas-tu faire ?

Hélas !

SÉIDE.

    Servir le Ciel, te mériter, te plaire.
Ce glaive à notre dieu vient d'être consacré ;
Que l'ennemi de Dieu soit par lui massacré !
Marchons. Ne vois-tu pas dans ces demeures sombres
Ces traits de sang, ce spectre, et ces errantes ombres ?

PALMIRE.

Que dis-tu ?

SÉIDE.

     Je vous suis, ministres du trépas :
Vous me montrez l'autel ; vous conduisez mon bras.
Allons.

PALMIRE.

. Non ; trop d'horreur entre nous deux s'assemble.
Demeure.

SÉIDE.

Il n'est plus temps ; avançons : l'autel tremble.

PALMIRE.

Le Ciel se manifeste, il n'en faut pas douter.

SÉIDE.

Me pousse-t-il au meurtre, ou veut-il m'arrêter ?
Du prophète de Dieu la voix se fait entendre ;
Il me reproche un cœur trop flexible et trop tendre.
Palmire !

PALMIRE.

Eh bien ?

SÉIDE.

Au Ciel adressez tous vos vœux.
Je vais frapper.

(*Il sort, et va derrière l'autel où est Zopire.*)

PALMIRE.

Je meurs ! O moment douloureux !
Quelle effroyable voix dans mon âme s'élève !
D'où vient que tout mon sang malgré moi se soulève !
Si le Ciel veut un meurtre, est-ce à moi d'en juger ?
Est-ce à moi de m'en plaindre, et de l'interroger ?
J'obéis. D'où vient donc que le remords m'accable ?
Ah ! quel cœur sait jamais s'il est juste ou coupable ?
Je me trompe, ou les coups sont portés cette fois ;
J'entends les cris plaintifs d'une mourante voix.
Séide.... hélas !....

SÉIDE *revient d'un air égaré.*

Où suis-je ? et quelle voix m'appelle ?
Je ne vois point Palmire ; un dieu m'a privé d'elle.

PALMIRE.

Eh quoi! méconnais-tu celle qui vit pour toi!

SÉIDE.

Où sommes-nous?

PALMIRE.

Et bien! cette effroyable loi,
Cette triste promesse est-elle enfin remplie?

SÉIDE.

Que me dis-tu?

PALMIRE.

Zopire a-t-il perdu la vie?

SÉIDE.

Qui? Zopire!

PALMIRE

Ah! grand Dieu! dieu de sang altéré,
Ne persécutez point son esprit égaré.
Fuyons d'ici.

SÉIDE.

Je sens que mes genoux s'affaissent.

(*Il s'assied.*)

Ah! je revois le jour, et mes forces renaissent.
Quoi! c'est vous?

PALMIRE.

Qu'as-tu fait?

SÉIDE.

(*Il se relève.*)

Moi! je viens d'obéir...

D'un bras désespéré je viens de le saisir.
Par ses cheveux blanchis j'ai traîné ma victime.
O Ciel! tu l'as voulu! peux-tu vouloir un crime?
Tremblant, saisi d'effroi, j'ai plongé dans son flanc

Ce glaive consacré qui dut verser son sang.
J'ai voulu redoubler; ce vieillard vénérable
A jeté dans mes bras un cri si lamentable !
La nature a tracé dans ses regards mourans
Un si grand caractère et des traits si touchans !....
De tendresse et d'effroi mon âme s'est remplie,
Et, plus mourant que lui, je déteste ma vie.

PALMIRE.

Fuyons vers Mahomet qui doit nous protéger:
Près de ce corps sanglant vous êtes en danger.
Suivez-moi.

SÉIDE.

Je ne puis. Je me meurs. Ah ! Palmire !....

PALMIRE.

Quel trouble épouvantable à mes yeux le déchire !

SÉIDE, *en pleurant.*

Ah ! si tu l'avais vu, le poignard dans le sein,
S'attendrir à l'aspect de son lâche assassin !
Je fuyais. Croirais-tu que sa voix affaiblie
Pour m'appeler encore a ranimé sa vie?
Il retirait ce fer de ses flancs malheureux.
Hélas ! il m'observait d'un regard douloureux.
Cher Séide, a-t-il dit, infortuné Séide !
Cette voix, ces regards, ce poignard homicide,
Ce vieillard attendri, tout sanglant à mes pieds,
Poursuivent devant toi mes regards effrayés.
Qu'avons-nous fait !

PALMIRE.

On vient, je tremble pour ta vie.
Fuis au nom de l'amour, et du nœud qui nous lie.

SÉIDE.

Va, laisse-moi. Pourquoi cet amour malheureux

M'a-t-il pu commander ce sacrifice affreux ?
Non, cruelle! sans toi, sans ton ordre suprême,
Je n'aurais pu jamais obéir au Ciel même.

PALMIRE.

Dé quel reproche horrible oses-tu m'accabler !
Hélas! plus que le tien mon cœur se sent troubler.
Cher amant, prends pitié de Palmire éperdue!

SÉIDE.

Palmire, quel objet vient effrayer ma vue?
(*Zopire paraît, appuyé sur l'autel, après s'être relevé
    derrière cet autel où il a reçu le coup.*)

PALMIRE.

C'est cet infortuné, luttant contre la mort,
Qui vers nous tout sanglant se traîne avec effort.

SÉIDE.

Eh quoi! tu vas à lui?

PALMIRE.

                De remords dévorée,
Je cède à la pitié dont je suis déchirée.
Je n'y puis résister; elle entraîne mes sens.

ZOPIRE, *avançant et soutenu par elle.*

Hélas! servez de guide, à mes pas languissans!

                            (*Il s'assied.*)

Séide, ingrat! c'est toi qui m'arraches la vie!
Tu pleures! ta pitié succède à ta furie!

SCÈNE V.

ZOPIRE, SÉIDE, PALMIRE, PHANOR.

PHANOR.

Ciel! quels affreux objets se présentent à moi!

ZOPIRE.

Si je voyais Hercide!.... Ah! Phanor, est-ce toi?
Voilà mon assassin.

PHANOR.

O crime! affreux mystère!
Assassin malheureux, connaissez votre père.

SÉIDE.

Qui?

PALMIRE.

Lui?

SÉIDE.

Mon père?

ZOPIRE.
O Ciel!

PHANOR.

Hercide est expirant:
Il me voit, il m'appelle; il s'écrie en mourant:
S'il en est encore temps préviens un parricide;
Cours arracher ce fer à la main de Séide.
Malheureux confident d'un horrible secret,
Je suis puni, je meurs des mains de Mahomet:
Cours, hâte-toi d'apprendre au malheureux Zopire
Que Séide et son fils, et frère de Palmire.

SÉIDE.

Vous!

PALMIRE.

Mon frère?

ZOPIRE.

O mes fils! ô nature! ô mes dieux!
Vous ne me trompiez pas quand vous parliez pour eux.
Vous m'éclairiez sans doute. Ah! malheureux Séide!

Qui t'a pu commander cet affreux homicide ?

SÉIDE, *se jetant à genoux.*

L'amour de mon devoir et de ma nation,
Et ma reconnaissance, et ma religion ;
Tout ce que les humains ont de plus respectable
M'inspira des forfaits le plus abominable.
Rendez, rendez ce fer à ma barbare main.

PALMIRE *à genoux, arrêtant le bras de Séide.*

Ah, mon père! ah, Seigneur! plongez-le dans mon sein.
J'ai seule à ce grand crime encouragé Séide ;
L'inceste était pour nous le prix du parricide.

SÉIDE.

Le Ciel n'a point pour nous d'assez grands châtimens.
Frappez vos assassins.

ZOPIRE, *en les embrassant.*

J'embrasse mes enfans.
Le Ciel voulut mêler, dans les maux qu'il m'envoie,
Le comble des horreurs au comble de la joie.
Je bénis mon destin; je meurs, mais vous vivez.
O vous, qu'en expirant mon cœur a retrouvés,
Séide, et vous, Palmire, au nom de la nature,
Par ce reste de sang qui sort de ma blessure,
Par ce sang paternel, par vous, par mon trépas,
Vengez-vous, vengez-moi; mais ne vous perdez pas.
L'heure approche, mon fils, où la trêve rompue
Laissait à mes desseins une libre étendue :
Les dieux de tant de maux ont pris quelque pitié;
Le crime de tes mains n'est commis qu'à moitié.
Le peuple avec le jour en ces lieux va paraître ;
Mon sang va les conduire; ils vont punir un traître.
Attendons ces momens.

SÉIDE.

Ah! Je cours de ce pas
Vous immoler ce monstre, et hâter mon trépas;
Me punir, vous venger.

SCÈNE VI.

ZOPIRE, SÉIDE, PALMIRE, OMAR, suite.

OMAR.

Qu'on arrête Séide.
Secourez tous Zopire; enchaînez l'homicide.
Mahomet n'est venu que pour venger les lois.

ZOPIRE.

Ciel! quel comble du crime! et qu'est-ce que je vois?

SÉIDE.

Mahomet me punir?

PALMIRE.

Eh quoi! tyran farouche,
Après ce meurtre horrible ordonné par ta bouche!

OMAR.

On n'a rien ordonné.

SÉIDE.

Va, j'ai bien mérité.
Cet exécrable prix de ma crédulité.

OMAR.

Soldats, obéissez.

PALMIRE.

Non; arrêtez. Perfide!

OMAR.

Madame, obéissez, si vous aimez Séide.
Mahomet vous protége; et son juste courroux,

Prêt à tout foudroyer, peut s'arrêter pour vous.
Auprès de votre roi, Madame, il faut me suivre.

PALMIRE.

Grand Dieu, de tant d'horreurs que la mort me délivre.

(*On emmène Palmire et Séide.*)

ZOPIRE, *à Phanor.*

On les enlève! O Ciel! ô père malheureux!
Le coup qui m'assassine est cent fois moins affreux.

PHANOR.

Déjà le jour renaît; tout le peuple s'avance;
On s'arme, on vient à vous, on prend votre défense.

ZOPIRE.

Quoi! Séide est mon fils!

PHANOR.

N'en doutez point.

ZOPIRE.

Hélas!

O forfaits! ô nature!.... Allons, soutiens mes pas,
Je meurs. Sauvez, grands dieux! de tant de barbarie
Mes deux enfans que j'aime, et qui m'ôtent la vie.

FIN DU QUATRIÈME ACTE.

ACTE V.

SCÈNE PREMIÈRE.

MAHOMET, OMAR, SUITE DANS LE FOND.

OMAR.

Zopire est expirant, et ce peuple éperdu
Levait déjà son front dans la poudre abattu.
Tes prophètes et moi, que ton esprit inspire,
Nous désavouons tous le meurtre de Zopire.
Ici, nous l'annonçons à ce peuple en fureur
Comme un coup du Très-Haut qui s'arme en ta faveur;
Là, nous en gémissons; nous promettons vengeance;
Nous vantons ta justice, ainsi que ta clémence.
Partout on nous écoute, on fléchit à ton nom;
Et ce reste importun de la sédition
N'est qu'un bruit passager de flots après l'oragé,
Dont le courroux mourant frappe encor le rivage
Quand la sérénité règne aux plaines du ciel.

MAHOMET.

Imposons à ces flots un silence éternel.
As-tu fait des remparts approcher mon armée?

OMAR.

Elle a marché la nuit vers la ville alarmée;
Osman la conduisait par de secrets chemins.

MAHOMET.

Faut-il toujours combattre, ou tromper les humains!
Séide ne sait point qu'aveugle en sa furie,
Il vient d'ouvrir le flanc dont il reçut la vie?

OMAR.

Qui pourrait l'en instruire? un éternel oubli
Tient avec ce secret Hercide enseveli :
Séide va le suivre, et son trépas commence.
J'ai détruit l'instrument qu'employa ta vengeance.
Tu sais que dans son sang ses mains ont fait couler
Le poison qu'en sa coupe on avait su mêler.
Le châtiment sur lui tombait avant le crime ;
Et tandis qu'à l'autel il traînait sa victime,
Tandis qu'au sein d'un père il enfonçait son bras,
Dans ses veines, lui-même, il portait son trépas.
Il est dans la prison, et bientôt il expire.
Cependant en ces lieux j'ai fait garder Palmire.
Palmire à tes desseins va même encor servir ;
Croyant sauver Séide, elle va t'obéir.
Je lui fais espérer la grâce de Séide.
Le silence est encor sur sa bouche timide ;
Son cœur toujours docile, et fait pour t'adorer,
En secret seulement n'osera murmurer.
Législateur, prophète, et roi dans ta patrie,
Palmire achèvera le bonheur de ta vie.
Tremblante, inanimée, on l'amène à tes yeux.

MAHOMET.

Va rassembler mes chefs, et revole en ces lieux.

SCÈNE II

MAHOMET, PALMIRE, SUITE DE PALMIRE ET
DE MAHOMET.

PALMIRE.

Ciel ! où suis-je ! ah ! grand Dieu !

MAHOMET.

Soyez moins consternée ;
J'ai du peuple et de vous pesé la destinée.
Le grand événement qui vous remplit d'effroi,
Palmire, est un mystère entre le Ciel et moi.
De vos indignes fers à jamais dégagée,
Vous êtes en ces lieux libre, heureuse, et vengée.
Ne pleurez point Séide, et laissez à mes mains
Le soin de balancer le destin des humains.
Ne songez plus qu'au vôtre ; et si vous m'êtes chère,
Si Mahomet sur vous jeta des yeux de père,
Sachez qu'un sort plus noble, un titre encor plus grand,
Si vous le méritez, peut-être vous attend.
Portez vos vœux hardis au faîte de la gloire ;
De Séide et du reste étouffez la mémoire :
Vos premiers sentimens doivent tous s'effacer
A l'aspect des grandeurs où vous n'osiez penser.
Il faut que votre cœur à mes bontés réponde,
Et suive en tout mes lois, lorsque j'en donne au monde.

PALMIRE.

Qu'entends-je ? quelles lois, ô Ciel ! et quels bienfaits !
Imposteur teint de sang, que j'abjure à jamais,
Bourreau de tous les miens, va, ce dernier outrage
Manquait à ma misère, et manquait à ta rage.
Le voilà donc, grand Dieu ! ce prophète sacré,
Ce roi que je servis, ce dieu que j'adorai !
Monstre, dont les fureurs et les complots perfides,
De deux cœurs innocens ont fait deux parricides.
De ma faible jeunesse infâme séducteur,
Tout souillé de mon sang, tu prétends à mon cœur !
Mais tu n'as pas encore assuré ta conquête ;

Le voile est déchiré, la vengeance s'apprête.
Entends-tu ces clameurs? entends-tu ces éclats?
Mon père te poursuit des ombres du trépas.
Le peuple se soulève; on s'arme en ma défense;
Leurs bras vont à ta rage arracher l'innocence.
Puissé-je de mes mains te déchirer le flanc,
Voir mourir tous les tiens, et nager dans leur sang!
Puissent la Mecque ensemble, et Médine, et l'Asie,
Punir tant de fureur et tant d'hypocrisie!
Que le monde, par toi séduit et ravagé,
Rougisse de ses fers, les brise, et soit vengé!
Que ta religion, que fonda l'imposture,
Soit l'éternel mépris de la race future!
Que l'enfer, dont tes cris menaçaient tant de fois
Quiconque osait douter de tes indignes lois,
Que l'enfer, que ces lieux de douleur et de rage,
Pour toi seul préparés, soient ton juste partage!
Voilà les sentimens qu'on doit à tes bienfaits,
L'hommage, les sermens, et les vœux que je fais.

MAHOMET.

Je vois qu'on m'a trahi; mais quoi qu'il en puisse être,
Et qui que vous soyez, fléchissez sous un maître.
Apprenez que mon cœur...

SCÈNE III.

MAHOMET, PALMIRE, OMAR, ALI, suite.

OMAR.

On sait tout, Mahomet:
Hercide en expirant révéla ton secret.
Le peuple en est instruit; la prison est forcée;

Tout s'arme, tout s'émeut : une foule insensée,
Élevant contre toi ses hurlemens affreux,[1]
Porte le corps sanglant de son chef malheureux.
Séide est à leur tête, et d'une voix funeste
Les excite à venger ce déplorable reste.
Ce corps, souillé de sang, est l'horrible signal
Qui fait courir le peuple à ce combat fatal.
Il s'écrie en pleurant, je suis un parricide :
La douleur le ranime, et la rage le guide.
Il semble respirer pour se venger de toi.
On déteste ton dieu, tes prophètes, ta loi.
Ceux mêmes qui devaient, dans la Mecque alarmée,
Faire ouvrir, cette nuit, la porte à ton armée,
De la fureur commune avec zèle enivrés,
Viennent lever sur toi leurs bras désespérés.
On n'entend que les cris de mort et de vengeance.

PALMIRE.

Achève, juste Ciel ! et soutiens l'innocence.
Frappe.

MAHOMET, à *Omar*.

Eh bien, que crains-tu ?

OMAR.

Tu vois quelques amis,
Qui contre les dangers comme moi raffermis,
Mais vainement armés contre un pareil orage,
Viennent tous à tes pieds mourir avec courage.

MAHOMET.

Seul je les défendrai. Rangez-vous près de moi,
Et connaissez enfin qui vous avez pour roi.

SCÈNE IV.

MAHOMET, OMAR, sa suite, *d'un côté;* SÉIDE, et LE PEUPLE *de l'autre,* PALMIRE *au milieu.*

SÉIDE, *un poignard à la main, mais déjà affaibli par le poison.*

Peuple, vengez mon père, et courez à ce traître.

MAHOMET.

Peuple, né pour me suivre, écoutez votre maître.

SÉIDE.

N'écoutez point ce monstre, et suivez-moi... Grands dieux!
Quel nuage épaissi se répand sur mes yeux!

(*Il avance, il chancelle.*)

Frappons... Ciel! je me meurs.

MAHOMET.

Je triomphe.

PALMIRE, *courant à lui.*

Ah! mon frère!

N'auras-tu pu verser que le sang de ton père?

SÉIDE.

Avançons. Je ne puis... Quel dieu vient m'accabler?

(*Il tombe entre les bras des siens.*)

MAHOMET.

Ainsi tout téméraire à mes yeux doit trembler.
Incrédules esprits, qu'un zèle aveugle inspire,
Qui m'osez blasphémer, et qui vengez Zopire,
Ce seul bras que la terre apprit à redouter,
Ce bras peut vous punir d'avoir osé douter.
Dieu qui m'a confié sa parole et sa foudre,
Si je me veux venger, va vous réduire en poudre.

Malheureux! connaissez son prophète et sa loi,
Et que ce dieu soit juge entre Séide et moi.
De nous deux, à l'instant, que le coupable expire!

PALMIRE.

Mon frère! eh quoi! sur eux ce monstre a tant d'empire!
Ils demeurent glacés, ils tremblent à sa voix.
Mahomet, comme un dieu, leur dicte encor ses lois:
Et toi, Séide, aussi!

SÉIDE, *entre les bras des siens.*

Le Ciel punit ton frère.
Mon crime était horrible autant qu'involontaire;
En vain la vertu même habitait dans mon cœur.
Toi, tremble, scélérat; si Dieu punit l'erreur,
Vois quel foudre il prépare aux artisans des crimes;
Tremble; son bras s'essaie à frapper ses victimes.
Détournez d'elle, ô Dieu, cette mort qui me suit!

PALMIRE.

Non, peuple, ce n'est point un dieu qui le poursuit,
Non; le poison sans doute...

MAHOMET, *en l'interrompant et s'adressant au peuple.*

Apprenez, infidèles,
A former contre moi des trames criminelles:
Aux vengeances des Cieux reconnaissez mes droits.
La nature et la mort ont entendu ma voix.
La mort qui m'obéit, qui, prenant ma défense,
Sur ce front pâlissant a tracé ma vengeance,
La mort est à vos yeux, prête à fondre sur vous.
Ainsi mes ennemis sentiront mon courroux;
Ainsi je punirai les erreurs insensées,
Les révoltes du cœur, et les moindres pensées.
Si ce jour luit pour vous, ingrats, si vous vivez,

Rendez grâce au pontife à qui vous le devez.
Fuyez, courez au temple apaiser ma colère.

(*Le peuple se retire.*)

PALMIRE, *revenant à elle.*

Arrêtez. Le barbare empoisonna mon frère.
Monstre, ainsi son trépas t'aura justifié !
A force de forfaits tu t'es déifié.
Malheureux assassin de ma famille entière,
Ote-moi de tes mains ce reste de lumière.
O frère ! ô triste objet d'un amour plein d'horreurs !
Que je te suive au moins.

(*Elle se jette sur le poignard de son frère.*)

MAHOMET.

Qu'on l'arrête.

PALMIRE.

Je meurs.

Je cesse de te voir, imposteur exécrable.
Je me flatte, en mourant, qu'un dieu plus équitable
Réserve un avenir pour les cœurs innocens.
Tu dois régner ; le monde est fait pour les tyrans.

MAHOMET.

Elle m'est enlevée.... Ah ! trop chère victime !
Je me vois arracher le seul prix de mon crime.
De ces jours pleins d'appas détestable ennemi,
Vainqueur et tout-puissant, c'est moi qui suis puni.
Il est donc des remords ! ô fureur ! ô justice !
Mes forfaits dans mon cœur ont donc mis mon supplice !
Dieu, que j'ai fait servir au malheur des humains,
Adorable instrument de mes affreux desseins,
Toi que j'ai blasphémé, mais que je crains encore,
Je me sens condamné, quand l'univers m'adore.

Je brave en vain les traits dont je me sens frapper.
J'ai trompé les mortels, et ne puis me tromper.
Père, enfans malheureux, immolés à ma rage,
Vengez la terre et vous, et le Ciel que j'outrage.
Arrachez-moi ce jour, et ce perfide cœur,
Ce cœur, né pour haïr, qui brûle avec fureur.
Et toi, de tant de honte étouffe la mémoire;
Cache au moins ma faiblesse, et sauve encor ma gloire:
Je dois régir en dieu l'univers prevenu;
Mon empire est détruit, si l'homme est reconnu.

FIN DU FANATISME.

PIÈCES

CONTENUES DANS CE VOLUME.

---

www.ingramcontent.com/pod-product-compliance
Lightning Source LLC
Chambersburg PA
CBHW060028100426
42740CB00010B/1643